AF565288

GRöLS
Verlage

„Bücher sind wie Fallschirme. Sie nützen uns nichts, wenn wir sie nicht öffnen."

Gröls Verlag

Redaktionelle Hinweise und Impressum

Das vorliegende Werk wurde zugunsten der Authentizität sehr zurückhaltend bearbeitet. So wurden etwa ursprüngliche Rechtschreibfehler *nicht* systematisch behoben, denn kleine Unvollkommenheiten machen das Buch – wie im Übrigen den Menschen – erst authentisch. Mitunter wurden jedoch zum Beispiel Absätze behutsam neu getrennt, um den Lesefluss zu erleichtern.

Um die Texte zu rekonstruieren, werden antiquarische Bücher von Lesegeräten gescannt und dann durch eine Software lesbar gemacht. Der so entstandene Text wird von Menschen gegengelesen und korrigiert – hierbei treten auch Fehler auf. Wenn Sie ebenfalls antiquarische Texte einreichen möchten, finden Sie weitere Informationen auf www.groels.de

Viel Freude bei der Lektüre wünscht Ihnen das Team des Gröls-Verlags.

Adressen

Verleger: Sophia Gröls, Im Borngrund 26, 61440 Oberursel

Externer Dienstleister für Distribution & Herstellung: BoD, In de Tarpen 42, 22848 Norderstedt

Unsere „Edition | Werke der Weltliteratur“ hat den Anspruch, eine der größten und vollständigsten Sammlungen klassischer Literatur in deutscher Sprache zu sein. Nach und nach versammeln wir hier nicht nur die „üblichen Verdächtigen“ von Goethe bis Schiller, sondern auch Kleinode der vergangenen Jahrhunderte, die – zu Unrecht – drohen, in Vergessenheit zu geraten. Wir kultivieren und kuratieren damit einen der wertvollsten Bereiche der abendländischen Kultur. Kleine Auswahl:

Francis Bacon • Neues Organon • **Balzac** • Glanz und Elend der Kurtisanen • **Joachim H. Campe** • Robinson der Jüngere • **Dante Alighieri** • Die Göttliche Komödie • **Daniel Defoe** • Robinson Crusoe • **Charles Dickens** • Oliver Twist • **Denis Diderot** • Jacques der Fatalist • **Fjodor Dostojewski** • Schuld und Sühne • **Arthur Conan Doyle** • Der Hund von Baskerville • **Marie von Ebner-Eschenbach** • Das Gemeindekind • **Elisabeth von Österreich** • Das Poetische Tagebuch • **Friedrich Engels** • Die Lage der arbeitenden Klasse • **Ludwig Feuerbach** • Das Wesen des Christentums • **Johann G. Fichte** • Reden an die deutsche Nation • **Fitzgerald** • Zärtlich ist die Nacht • **Flaubert** • Madame Bovary • **Gorch Fock** • Seefahrt ist not! • **Theodor Fontane** • Effi Briest • **Robert Musil** • Über die Dummheit • **Edgar Wallace** • Der Frosch mit der Maske • **Jakob Wassermann** • Der Fall Maurizius • **Oscar Wilde** • Das Bildnis des Dorian Grey • **Émile Zola** • Germinal • **Stefan Zweig** • Schachnovelle • **Hugo von Hofmannsthal** • Der Tor und der Tod • **Anton Tschechow** • Ein Heiratsantrag • **Arthur Schnitzler** • Reigen • **Friedrich Schiller** • Kabale und Liebe • **Nicolo Machiavelli** • Der Fürst • **Gotthold E. Lessing** • Nathan der Weise • **Augustinus** • Die Bekenntnisse des heiligen Augustinus • **Marcus Aurelius** • Selbstbetrachtungen • **Charles Baudelaire** • Die Blumen des Bösen • **Harriett Stowe** • Onkel Toms Hütte • **Walter Benjamin** • Deutsche Menschen • **Hugo Bettauer** • Die Stadt ohne Juden • **Lewis Caroll** • *und viele mehr….*

Sigmund Freud

Hemmung, Symptom und Angst

Inhalt

Kapitel I

Unser Sprachgebrauch läßt uns in der Beschreibung pathologischer Phänomene Symptome und Hemmungen unterscheiden, aber er legt diesem Unterschied nicht viel Wert bei. Kämen uns nicht Krankheitsfälle vor, von denen wir aussagen müssen, daß sie nur Hemmungen und keine Symptome zeigen, und wollten wir nicht wissen, was dafür die Bedingung ist, so brächten wir kaum das Interesse auf, die Begriffe Hemmung und Symptom gegeneinander abzugrenzen.

Die beiden sind nicht auf dem nämlichen Boden erwachsen. Hemmung hat eine besondere Beziehung zur Funktion und bedeutet nicht notwendig etwas Pathologisches, man kann auch eine normale Einschränkung einer Funktion eine Hemmung derselben nennen. Symptom hingegen heißt soviel wie Anzeichen eines krankhaften Vorganges. Es kann also auch eine Hemmung ein Symptom sein. Der Sprachgebrauch verfährt dann so, daß er von Hemmung spricht, wo eine einfache Herabsetzung der Funktion vorliegt, von Symptom, wo es sich um eine ungewöhnliche Abänderung derselben oder um eine neue Leistung handelt. In vielen Fällen scheint es der Willkür überlassen, ob man die positive oder die negative Seite des pathologischen Vorgangs betonen, seinen Erfolg als Symptom oder als Hemmung bezeichnen will. Das alles ist wirklich nicht interessant, und die Fragestellung, von der wir ausgingen, erweist sich als wenig fruchtbar.

Da die Hemmung begrifflich so innig an die Funktion geknüpft ist, kann man auf die Idee kommen, die verschiedenen

Ichfunktionen daraufhin zu untersuchen, in welchen Formen sich deren Störung bei den einzelnen neurotischen Affektionen äußert. Wir wählen für diese vergleichende Studie: die Sexualfunktion, das Essen, die Lokomotion und die Berufsarbeit.

a) Die Sexualfunktion unterliegt sehr mannigfaltigen Störungen, von denen die meisten den Charakter einfacher Hemmungen zeigen. Diese werden als psychische Impotenz zusammengefaßt. Das Zustandekommen der normalen Sexualleistung setzt einen sehr komplizierten Ablauf voraus, die Störung kann an jeder Stelle desselben eingreifen. Die Hauptstationen der Hemmung sind beim Manne: die Abwendung der Libido zur Einleitung des Vorgangs (psychische Unlust), das Ausbleiben der physischen Vorbereitung (Erektionslosigkeit), die Abkürzung des Aktes (*ejaculatio praecox*), die ebensowohl als positives Symptom beschrieben werden kann, die Aufhaltung desselben vor dem natürlichen Ausgang (Ejakulationsmangel), das Nichtzustandekommen des psychischen Effekts (der Lustempfindung des Orgasmus). Andere Störungen erfolgen durch die Verknüpfung der Funktion mit besonderen Bedingungen, perverser oder fetischistischer Natur.

Eine Beziehung der Hemmung zur Angst kann uns nicht lange entgehen. Manche Hemmungen sind offenbar Verzichte auf Funktion, weil bei deren Ausübung Angst entwickelt werden würde. Direkte Angst vor der Sexualfunktion ist beim Weibe häufig; wir ordnen sie der Hysterie zu, ebenso das Abwehrsymptom des Ekels, das sich ursprünglich als nachträgliche Reaktion auf den passiv erlebten Sexualakt einstellt, später bei der Vorstellung desselben auftritt. Auch eine große Anzahl von Zwangshandlungen erweisen sich als Vorsichten und Versicherungen gegen sexuelles Erleben, sind also phobischer Natur.

Man kommt da im Verständnis nicht sehr weit; man merkt nur, daß sehr verschiedene Verfahren verwendet werden, um die Funktion zu stören: 1) die bloße Abwendung der Libido, die am ehesten zu ergeben scheint, was wir eine reine Hemmung heißen, 2) die Verschlechterung in der Ausführung der Funktion, 3) die Erschwerung derselben durch besondere Bedingungen und ihre Modifikation durch Ablenkung auf andere Ziele, 4) ihre Vorbeugung durch Sicherungsmaßregeln, 5) ihre Unterbrechung durch Angstentwicklung, sowie sich ihr Ansatz nicht mehr verhindern läßt, endlich 6) eine nachträgliche Reaktion, die dagegen protestiert und das Geschehene rückgängig machen will, wenn die Funktion doch durchgeführt wurde.

b) Die häufigste Störung der Nahrungsfunktion ist die Eßunlust durch Abziehung der Libido. Auch Steigerungen der Eßlust sind nicht selten; ein Eßzwang motiviert sich durch Angst vor dem Verhungern, ist wenig untersucht. Als hysterische Abwehr des Essens kennen wir das Symptom des Erbrechens. Die Nahrungsverweigerung infolge von Angst gehört psychotischen Zuständen an (Vergiftungswahn).

c) Die Lokomotion wird bei manchen neurotischen Zuständen durch Gehunlust und Gehschwäche gehemmt, die hysterische Behinderung bedient sich der motorischen Lähmung des

Bewegungsapparates oder schafft eine spezialisierte Aufhebung dieser einen Funktion desselben (Abasie). Besonders charakteristisch sind die Erschwerungen der Lokomotion durch Einschaltung bestimmter Bedingungen, bei deren Nichterfüllung Angst auftritt (Phobie).

d) Die Arbeitshemmung, die so oft als isoliertes Symptom Gegenstand der Behandlung wird, zeigt uns verminderte Lust oder schlechtere Ausführung oder Reaktionserscheinungen wie Müdigkeit (Schwindel, Erbrechen), wenn die Fortsetzung der Arbeit erzwungen wird. Die Hysterie erzwingt die Einstellung der Arbeit durch Erzeugung von Organ- und Funktionslähmungen, deren Bestand mit der Ausführung der Arbeit unvereinbar ist. Die Zwangsneurose stört die Arbeit durch fortgesetzte Ablenkung und durch den Zeitverlust bei eingeschobenen Verweilungen und Wiederholungen.

Wir könnten diese Übersicht noch auf andere Funktionen ausdehnen, aber wir dürfen nicht erwarten, dabei mehr zu erreichen. Wir kämen nicht über die Oberfläche der Erscheinungen hinaus. Entschließen wir uns darum zu einer Auffassung, die dem Begriff der Hemmung nicht mehr viel Rätselhaftes beläßt. Die Hemmung ist der Ausdruck einer *Funktionseinschränkung des Ichs*, die selbst sehr verschiedene Ursachen haben kann. Manche der Mechanismen dieses Verzichts auf Funktion und eine allgemeine Tendenz desselben sind uns wohlbekannt.

An den spezialisierten Hemmungen ist die Tendenz leichter zu erkennen. Wenn das Klavierspielen, Schreiben und selbst das

Gehen neurotischen Hemmungen unterliegen, so zeigt uns die Analyse den Grund hiefür in einer überstarken Erotisierung der bei diesen Funktionen in Anspruch genommenen Organe, der Finger und der Füße. Wir haben ganz allgemein die Einsicht gewonnen, daß die Ichfunktion eines Organes geschädigt wird, wenn seine Erogeneität, seine sexuelle Bedeutung, zunimmt. Es benimmt sich dann, wenn man den einigermaßen skurrilen Vergleich wagen darf, wie eine Köchin, die nicht mehr am Herd arbeiten will, weil der Herr des Hauses Liebesbeziehungen zu ihr angeknüpft hat. Wenn das Schreiben, das darin besteht, aus einem Rohr Flüssigkeit auf ein Stück weißes Papier fließen zu lassen, die symbolische Bedeutung des Koitus angenommen hat oder wenn das Gehen zum symbolischen Ersatz des Stampfens auf dem Leib der Mutter Erde geworden ist, dann wird beides, Schreiben und Gehen, unterlassen, weil es so ist, als ob man die verbotene sexuelle Handlung ausführen würde. Das Ich verzichtet auf diese ihm zustehenden Funktionen, um nicht eine neuerliche Verdrängung vornehmen zu müssen, *um einem Konflikt mit dem Es auszuweichen*.

Andere Hemmungen erfolgen offenbar im Dienste der Selbstbestrafung, wie nicht selten die der beruflichen Tätigkeiten. Das Ich darf diese Dinge nicht tun, weil sie ihm Nutzen und Erfolg bringen würden, was das gestrenge Über-Ich versagt hat. Dann verzichtet das Ich auch auf diese Leistungen, *um nicht in Konflikt mit dem Über-Ich zu geraten*.

Die allgemeineren Hemmungen des Ichs folgen einem anderen, einfachen, Mechanismus. Wenn das Ich durch eine psychische Aufgabe von besonderer Schwere in Anspruch genommen ist, wie z. B. durch eine Trauer, eine großartige

Affektunterdrückung, durch die Nötigung, beständig aufsteigende sexuelle Phantasien niederzuhalten, dann verarmt es so sehr an der ihm verfügbaren Energie, daß es seinen Aufwand an vielen Stellen zugleich einschränken muß, wie ein Spekulant, der seine Gelder in seinen Unternehmungen immobilisiert hat. Ein lehrreiches Beispiel einer solchen intensiven Allgemeinhemmung von kurzer Dauer konnte ich an einem Zwangskranken beobachten, der in eine lähmende Müdigkeit von ein- bis mehrtägiger Dauer bei Anlässen verfiel, die offenbar einen Wutausbruch hätten herbeiführen sollen. Von hier aus muß auch ein Weg zum Verständnis der Allgemeinhemmung zu finden sein, durch die sich die Depressionszustände und der schwerste derselben, die Melancholie, kennzeichnen.

Man kann also abschließend über die Hemmungen sagen, sie seien Einschränkungen der Ichfunktionen, entweder aus Vorsicht oder infolge von Energieverarmung. Es ist nun leicht zu erkennen, worin sich die Hemmung vom Symptom unterscheidet. Das Symptom kann nicht mehr als ein Vorgang im oder am Ich beschrieben werden.

Kapitel II

Die Grundzüge der Symptombildung sind längst studiert und in hoffentlich unanfechtbarer Weise ausgesprochen worden. Das Symptom sei Anzeichen und Ersatz einer unterbliebenen Triebbefriedigung, ein Erfolg des Verdrängungsvorganges. Die Verdrängung geht vom Ich aus, das, eventuell im Auftrage des Über-Ichs, eine im Es angeregte Triebbesetzung nicht mitmachen will. Das Ich erreicht durch die Verdrängung, daß die Vorstellung, welche der Träger der unliebsamen Regung war, vom Bewußtwerden abgehalten wird. Die Analyse weist oftmals nach, daß sie als unbewußte Formation erhalten geblieben ist. So weit wäre es klar, aber bald beginnen die unerledigten Schwierigkeiten.

Unsere bisherigen Beschreibungen des Vorganges bei der Verdrängung haben den Erfolg der Abhaltung vom Bewußtsein nachdrücklich betont, aber in anderen Punkten Zweifel offen gelassen. Es entsteht die Frage, was ist das Schicksal der im Es aktivierten Triebregung, die auf Befriedigung abzielt? Die Antwort war eine indirekte, sie lautete, durch den Vorgang der Verdrängung werde die zu erwartende Befriedigungslust in Unlust verwandelt, und dann stand man vor dem Problem, wie Unlust das Ergebnis einer Triebbefriedigung sein könne. Wir hoffen, den Sachverhalt zu klären, wenn wir die bestimmte Aussage machen, der im Es beabsichtigte Erregungsablauf komme infolge der Verdrängung überhaupt nicht zustande, es gelinge dem Ich, ihn zu inhibieren oder abzulenken. Dann entfällt das Rätsel der „Affektverwandlung" bei der Verdrängung. Wir haben aber damit dem Ich das Zugeständnis gemacht, daß es einen so weitgehenden Einfluß auf die Vorgänge im Es äußern kann, und sollen verstehen lernen, auf welchem Wege ihm diese überraschende Machtentfaltung möglich wird.

Ich glaube, dieser Einfluß fällt dem Ich zu infolge seiner innigen Beziehungen zum Wahrnehmungssystem, die ja sein Wesen ausmachen und der Grund seiner Differenzierung vom Es geworden sind. Die Funktion dieses Systems, das wir *W-Bw* genannt haben, ist mit dem Phänomen des Bewußtseins verbunden; es empfängt Erregungen nicht nur von außen, sondern auch von innen her, und mittels der Lust-Unlustempfindungen, die es von daher erreichen, versucht es, alle Abläufe des seelischen Geschehens im Sinne des Lustprinzips zu lenken. Wir stellen uns das Ich so gerne als ohnmächtig gegen das Es vor, aber wenn es sich gegen einen Triebvorgang im Es sträubt, so braucht es bloß ein *Unlustsignal* zu geben, um seine Absicht durch die Hilfe der beinahe allmächtigen Instanz des Lustprinzips zu erreichen. Wenn wir diese Situation für einen Augenblick isoliert betrachten, können wir sie durch ein Beispiel aus einer anderen Sphäre illustrieren. In einem Staate wehre sich eine gewisse Clique gegen eine Maßregel, deren Beschluß den Neigungen der Masse entsprechen würde. Diese Minderzahl bemächtigt sich dann der Presse, bearbeitet durch sie die souveräne „öffentliche Meinung" und setzt es so durch, daß der geplante Beschluß unterbleibt.

An die eine Beantwortung knüpfen weitere Fragestellungen an. Woher rührt die Energie, die zur Erzeugung des Unlustsignals verwendet wird? Hier weist uns die Idee den Weg, daß die Abwehr eines unerwünschten Vorganges im Inneren nach dem Muster der Abwehr gegen einen äußeren Reiz geschehen dürfte, daß das Ich den gleichen Weg der Verteidigung gegen die innere wie gegen die äußere Gefahr einschlägt. Bei äußerer Gefahr unternimmt das organische Wesen einen Fluchtversuch, es zieht zunächst die Besetzung von der Wahrnehmung des Gefährlichen ab; später erkennt es als das wirksamere Mittel, solche Muskelaktionen vorzunehmen, daß die Wahrnehmung der Gefahr, auch wenn man sie nicht verweigert, unmöglich wird, also sich dem Wirkungsbereich der Gefahr zu entziehen. Einem solchen Fluchtversuch gleichwertig ist auch die Verdrängung. Das Ich zieht die (vorbewußte) Besetzung von der zu verdrängenden Triebrepräsentanz ab und verwendet sie für die Unlust-(Angst)-Entbindung. Das Problem, wie bei der Verdrängung die Angst entsteht, mag kein einfaches sein; immerhin hat man das Recht, an der Idee festzuhalten, daß das Ich die eigentliche Angststätte ist, und die frühere Auffassung zurückzuweisen, die Besetzungsenergie der verdrängten Regung werde automatisch in Angst verwandelt. Wenn ich mich früher einmal so geäußert habe, so gab ich eine phänomenologische Beschreibung, nicht eine metapsychologische Darstellung.

Aus dem Gesagten leitet sich die neue Frage ab, wie es ökonomisch möglich ist, daß ein bloßer Abziehungs- und Abfuhrvorgang wie beim Rückzug der vorbewußten Ichbesetzung Unlust oder Angst erzeugen könne, die nach unseren Voraussetzungen nur Folge gesteigerter Besetzung sein kann. Ich antworte, diese Verursachung soll nicht ökonomisch erklärt werden, die Angst wird bei der Verdrängung nicht neu erzeugt, sondern als Affektzustand nach einem vorhandenen Erinnerungsbild reproduziert. Mit der weiteren Frage nach der Herkunft dieser Angst – wie der Affekte überhaupt – verlassen wir aber den unbestritten psychologischen Boden und betreten das Grenzgebiet der Physiologie. Die Affektzustände sind dem Seelenleben als Niederschläge uralter traumatischer Erlebnisse einverleibt und werden in ähnlichen Situationen wie Erinnerungssymbole wachgerufen. Ich meine, ich hatte nicht unrecht, sie den spät und individuell erworbenen hysterischen Anfällen gleichzusetzen und als deren Normalvorbilder zu betrachten. Beim Menschen und ihm verwandten Geschöpfen scheint der Geburtsakt als das erste individuelle Angsterlebnis dem Ausdruck des Angstaffekts charakteristische Züge geliehen zu haben. Wir sollen aber diesen Zusammenhang nicht überschätzen und in seiner Anerkennung nicht übersehen, daß ein Affektsymbol für die Situation der Gefahr eine biologische Notwendigkeit ist und auf jeden Fall geschaffen worden wäre. Ich halte es auch für unberechtigt anzunehmen, daß bei jedem Angstausbruch etwas im Seelenleben vor sich geht, was einer Reproduktion der Geburtssituation gleichkommt. Es ist nicht einmal sicher, ob die hysterischen Anfälle, die ursprünglich solche traumatische Reproduktionen sind, diesen Charakter dauernd bewahren.

Ich habe an anderer Stelle ausgeführt, daß die meisten Verdrängungen, mit denen wir bei der therapeutischen Arbeit zu tun bekommen, Fälle von *Nach*drängen sind. Sie setzen früher erfolgte *Urverdrängungen* voraus, die auf die neuere Situation ihren anziehenden Einfluß ausüben. Von diesen Hintergründen und Vorstufen der Verdrängung ist noch viel zu wenig bekannt. Man kommt leicht in Gefahr, die Rolle des Über-Ichs bei der Verdrängung zu überschätzen. Man kann es derzeit nicht beurteilen, ob etwa das Auftreten des Über-Ichs die Abgrenzung zwischen Urverdrängung und Nachdrängen schafft. Die ersten – sehr intensiven – Angstausbrüche erfolgen jedenfalls vor der Differenzierung des Über-Ichs. Es ist durchaus plausibel, daß quantitative Momente, wie die übergroße Stärke der Erregung und der Durchbruch des Reizschutzes, die nächsten Anlässe der Urverdrängungen sind.

Die Erwähnung des Reizschutzes mahnt uns wie ein Stichwort, daß die Verdrängungen in zwei unterschiedenen Situationen auftreten, nämlich wenn eine unliebsame Triebregung durch eine äußere Wahrnehmung wachgerufen wird und wenn sie ohne solche Provokation im Innern auftaucht. Wir werden später auf diese Verschiedenheit zurückkommen. Reizschutz gibt es aber nur gegen äußere Reize, nicht gegen innere Triebansprüche.

Solange wir den Fluchtversuch des Ichs studieren, bleiben wir der Symptombildung ferne. Das Symptom entsteht aus der durch die Verdrängung beeinträchtigten Triebregung. Wenn das Ich durch die Inanspruchnahme des Unlustsignals seine Absicht erreicht, die Triebregung völlig zu unterdrücken, erfahren wir nichts darüber, wie das geschieht. Wir lernen nur aus den Fällen, die als mehr oder minder mißglückte Verdrängungen zu bezeichnen sind.

Dann stellt es sich im allgemeinen so dar, daß die Triebregung zwar trotz der Verdrängung einen Ersatz gefunden hat, aber einen stark verkümmerten, verschobenen, gehemmten. Er ist auch als Befriedigung nicht mehr kenntlich. Wenn er vollzogen wird, kommt keine Lustempfindung zustande, dafür hat dieser Vollzug den Charakter des Zwanges angenommen. Aber bei dieser Erniedrigung des Befriedigungsablaufes zum Symptom zeigt die Verdrängung ihre Macht noch in einem anderen Punkte. Der Ersatzvorgang wird womöglich von der Abfuhr durch die Motilität ferngehalten; auch wo dies nicht gelingt, muß er sich in der Veränderung des eigenen Körpers erschöpfen und darf nicht auf die Außenwelt übergreifen; es wird ihm verwehrt, sich in Handlung umzusetzen. Wir verstehen, bei der

Verdrängung arbeitet das Ich unter dem Einfluß der äußeren Realität und schließt darum den Erfolg des Ersatzvorganges von dieser Realität ab.

Das Ich beherrscht den Zugang zum Bewußtsein wie den Übergang zur Handlung gegen die Außenwelt; in der Verdrängung betätigt es seine Macht nach beiden Richtungen. Die Triebrepräsentanz bekommt die eine, die Triebregung selbst die andere Seite seiner Kraftäußerung zu spüren. Da ist es denn am Platze, sich zu fragen, wie diese Anerkennung der Mächtigkeit des Ichs mit der Beschreibung zusammenkommt, die wir in der Studie *Das Ich und das Es* von der Stellung desselben Ichs entworfen haben. Wir haben dort die Abhängigkeit des Ichs vom Es wie vom Über-Ich geschildert, seine Ohnmacht und Angstbereitschaft gegen beide, seine mühsam aufrechterhaltene Überheblichkeit entlarvt. Dieses Urteil hat seither einen starken Widerhall in der psychoanalytischen Literatur gefunden. Zahlreiche Stimmen betonen eindringlich die Schwäche des Ichs gegen das Es, des Rationellen gegen das Dämonische in uns, und schicken sich an, diesen Satz zu einem Grundpfeiler einer psychoanalytischen „Weltanschauung" zu machen. Sollte nicht die Einsicht in die Wirkungsweise der Verdrängung gerade den Analytiker von so extremer Parteinahme zurückhalten?

Ich bin überhaupt nicht für die Fabrikation von Weltanschauungen. Die überlasse man den Philosophen, die eingestandenermaßen die Lebensreise ohne einen solchen Baedeker, der über alles Auskunft gibt, nicht ausführbar finden. Nehmen wir demütig die Verachtung auf uns, mit der die Philosophen vom Standpunkt ihrer höheren Bedürftigkeit auf uns herabschauen. Da auch wir unseren narzißtischen Stolz nicht verleugnen können, wollen wir unseren Trost in der Erwägung suchen, daß alle diese „Lebensführer“ rasch veralten, daß es gerade unsere kurzsichtig beschränkte Kleinarbeit ist, welche deren Neuauflagen notwendig macht, und daß selbst die modernsten dieser Baedeker Versuche sind, den alten, so bequemen und so vollständigen Katechismus zu ersetzen. Wir wissen genau, wie wenig Licht die Wissenschaft bisher über die Rätsel dieser Welt verbreiten konnte; alles Poltern der Philosophen kann daran nichts ändern, nur geduldige Fortsetzung der Arbeit, die alles der einen Forderung nach Gewißheit unterordnet, kann langsam Wandel schaffen. Wenn der Wanderer in der Dunkelheit singt, verleugnet er seine Ängstlichkeit, aber er sieht darum um nichts heller.

Kapitel III

Um zum Problem des Ichs zurückzukehren: Der Anschein des Widerspruchs kommt daher, daß wir Abstraktionen zu starr nehmen und aus einem komplizierten Sachverhalt bald die eine, bald die andere Seite allein herausgreifen. Die Scheidung des Ichs vom Es scheint gerechtfertigt, sie wird uns durch bestimmte Verhältnisse aufgedrängt. Aber anderseits ist das Ich mit dem Es identisch, nur ein besonders differenzierter Anteil desselben. Stellen wir dieses Stück in Gedanken dem Ganzen gegenüber oder hat sich ein wirklicher Zwiespalt zwischen den beiden ergeben, so wird uns die Schwäche dieses Ichs offenbar. Bleibt das Ich aber mit dem Es verbunden, von ihm nicht unterscheidbar, so zeigt sich seine Stärke. Ähnlich ist das

Verhältnis des Ichs zum Über-Ich; für viele Situationen fließen uns die beiden zusammen, meistens können wir sie nur unterscheiden, wenn sich eine Spannung, ein Konflikt zwischen ihnen hergestellt hat. Für den Fall der Verdrängung wird die Tatsache entscheidend, daß das Ich eine Organisation ist, das Es aber keine; das Ich ist eben der organisierte Anteil des Es. Es wäre ganz ungerechtfertigt, wenn man sich vorstellte, Ich und Es seien wie zwei verschiedene Heerlager; durch die Verdrängung suche das Ich ein Stück des Es zu unterdrücken, nun komme das übrige Es dem Angegriffenen zu Hilfe und messe seine Stärke mit der des Ichs. Das mag oft zustande kommen, aber es ist gewiß nicht die Eingangssituation der Verdrängung; in der Regel bleibt die zu verdrängende Triebregung isoliert. Hat der Akt der Verdrängung uns die Stärke des Ichs gezeigt, so legt er doch in einem auch Zeugnis ab für dessen Ohnmacht und für die Unbeeinflußbarkeit der einzelnen Triebregung des Es. Denn der Vorgang, der durch die Verdrängung zum Symptom geworden ist, behauptet nun seine Existenz außerhalb der Ichorganisation und unabhängig von ihr. Und nicht er allein, auch alle seine Abkömmlinge genießen dasselbe Vorrecht, man möchte sagen: der Exterritorialität, und wo sie mit Anteilen der Ichorganisation assoziativ zusammentreffen, wird es fraglich, ob sie diese nicht zu sich herüberziehen und sich mit diesem Gewinn auf Kosten des Ichs ausbreiten werden. Ein uns längst vertrauter Vergleich betrachtet das Symptom als einen Fremdkörper, der unaufhörlich Reiz- und Reaktionserscheinungen in dem Gewebe unterhält, in das er sich eingebettet hat. Es kommt zwar vor, daß der Abwehrkampf gegen die unliebsame Triebregung durch die Symptombildung abgeschlossen wird; soweit wir sehen, ist dies am ehesten bei der hysterischen Konversion möglich, aber in der Regel ist der Verlauf ein anderer; nach dem ersten Akt der Verdrängung folgt ein langwieriges oder nie zu beendendes Nachspiel, der Kampf gegen die Triebregung findet seine Fortsetzung in dem Kampf gegen das Symptom.

Dieser sekundäre Abwehrkampf zeigt uns zwei Gesichter – mit widersprechendem Ausdruck. Einerseits wird das Ich durch seine Natur genötigt, etwas zu unternehmen, was wir als Herstellungs- oder Versöhnungsversuch beurteilen müssen. Das Ich ist eine Organisation, es beruht auf dem freien Verkehr und der Möglichkeit gegenseitiger Beeinflussung unter all seinen Bestandteilen, seine desexualisierte Energie bekundet ihre Herkunft noch in dem Streben nach Bindung und Vereinheitlichung, und dieser Zwang zur Synthese nimmt immer mehr zu, je kräftiger sich das Ich entwickelt. So wird es verständlich, daß das Ich auch versucht, die Fremdheit und Isolierung des Symptoms aufzuheben, indem es alle Möglichkeiten ausnützt, es irgendwie an sich zu binden und durch solche Bande seiner Organisation einzuverleiben. Wir wissen, daß ein solches Bestreben bereits den Akt der Symptombildung beeinflußt. Ein klassisches Beispiel dafür sind jene hysterischen Symptome, die uns als Kompromiß zwischen Befriedigungs- und Strafbedürfnis durchsichtig geworden sind. Als Erfüllungen einer Forderung des Über-Ichs haben solche Symptome von vornherein Anteil am Ich, während sie anderseits Positionen des Verdrängten und Einbruchsstellen desselben in die Ichorganisation bedeuten; sie sind sozusagen Grenzstationen mit gemischter Besetzung. Ob alle primären hysterischen Symptome so gebaut sind, verdiente eine sorgfältige

Untersuchung. Im weiteren Verlaufe benimmt sich das Ich so, als ob es von der Erwägung geleitet würde: das Symptom ist einmal da und kann nicht beseitigt werden; nun heißt es, sich mit dieser Situation befreunden und den größtmöglichen Vorteil aus ihr ziehen. Es findet eine Anpassung an das ichfremde Stück der Innenwelt statt, das durch das Symptom repräsentiert wird, wie sie das Ich sonst normalerweise gegen die reale Außenwelt zustande bringt. An Anlässen hiezu fehlt es nie. Die Existenz des Symptoms mag eine gewisse Behinderung der Leistung mit sich bringen, mit der man eine Anforderung des Über-Ichs beschwichtigen oder einen Anspruch der Außenwelt zurückweisen kann. So wird das Symptom allmählich mit der Vertretung wichtiger Interessen betraut, es erhält einen Wert für die Selbstbehauptung, verwächst immer inniger mit dem Ich, wird ihm immer unentbehrlicher. Nur in ganz seltenen Fällen kann der Prozeß der Einheilung eines Fremdkörpers etwas ähnliches wiederholen. Man kann die Bedeutung dieser sekundären Anpassung an das Symptom auch übertreiben, indem man aussagt, das Ich habe sich das Symptom überhaupt nur angeschafft, um dessen Vorteile zu genießen. Das ist dann so richtig oder so falsch, wie wenn man die Ansicht vertritt, der Kriegsverletzte habe sich das Bein nur abschießen lassen, um dann arbeitsfrei von seiner Invalidenrente zu leben.

Andere Symptomgestaltungen, die der Zwangsneurose und der Paranoia, bekommen einen hohen Wert für das Ich, nicht weil sie ihm Vorteile, sondern weil sie ihm eine sonst entbehrte narzißtische Befriedigung bringen. Die Systembildungen der Zwangsneurotiker schmeicheln ihrer Eigenliebe durch die Vorspiegelung, sie seien als besonders reinliche oder gewissenhafte Menschen besser als andere; die Wahnbildungen der Paranoia eröffnen dem Scharfsinn und der Phantasie dieser Kranken ein Feld zur Betätigung, das ihnen nicht leicht ersetzt werden kann. Aus all den erwähnten Beziehungen resultiert, was uns als der (sekundäre) *Krankheitsgewinn* der Neurose bekannt ist. Er kommt dem Bestreben des Ichs, sich das Symptom einzuverleiben, zu Hilfe und verstärkt die Fixierung des letzteren. Wenn wir dann den Versuch machen, dem Ich in seinem Kampf gegen das Symptom analytischen Beistand zu leisten, finden wir diese versöhnlichen Bindungen zwischen Ich und Symptom auf der Seite der Widerstände wirksam. Es wird uns nicht leicht gemacht, sie zu lösen. Die beiden Verfahren, die das Ich gegen das Symptom anwendet, stehen wirklich in Widerspruch zueinander.

Das andere Verfahren hat weniger freundlichen Charakter, es setzt die Richtung der Verdrängung fort. Aber es scheint, daß wir das Ich nicht mit dem Vorwurf der Inkonsequenz belasten dürfen. Das Ich ist friedfertig und möchte sich das Symptom einverleiben, es in sein Ensemble aufnehmen. Die Störung geht vom Symptom aus, das als richtiger Ersatz und Abkömmling der verdrängten Regung deren Rolle weiterspielt, deren Befriedigungsanspruch immer wieder erneuert und so das Ich nötigt, wiederum das Unlustsignal zu geben und sich zur Wehre zu setzen.

Der sekundäre Abwehrkampf gegen das Symptom ist vielgestaltig, spielt sich auf verschiedenen Schauplätzen ab und bedient sich mannigfaltiger Mittel. Wir werden nicht viel über ihn aussagen können, wenn wir nicht die einzelnen Fälle der Symptombildung zum Gegenstand der Untersuchung nehmen.

Dabei werden wir Anlaß finden, auf das Problem der Angst einzugehen, das wir längst wie im Hintergrunde lauernd verspüren. Es empfiehlt sich, von den Symptomen, welche die hysterische Neurose schafft, auszugehen; auf die Voraussetzungen der Symptombildung bei der Zwangsneurose, Paranoia und anderen Neurosen sind wir noch nicht vorbereitet.

Kapitel IV

Der erste Fall, den wir betrachten, sei der einer infantilen hysterischen Tierphobie, also z. B. der gewiß in allen Hauptzügen typische Fall der Pferdephobie des „kleinen Hans". Schon der erste Blick läßt uns erkennen, daß die Verhältnisse eines realen Falles von neurotischer Erkrankung weit komplizierter sind, als unsere Erwartung, solange wir mit Abstraktionen arbeiten, sich vorstellt. Es gehört einige Arbeit dazu, sich zu orientieren, welches die verdrängte Regung, was ihr Symptomersatz ist, wo das Motiv der Verdrängung kenntlich wird.

Der kleine Hans weigert sich, auf die Straße zu gehen, weil er Angst vor dem Pferd hat. Dies ist der Rohstoff. Was ist nun daran das Symptom: die Angstentwicklung, die Wahl des Angstobjekts oder der Verzicht auf die freie Beweglichkeit oder mehreres davon zugleich? Wo ist die Befriedigung, die er sich versagt? Warum muß er sich diese versagen?

Es liegt nahe zu antworten, an dem Falle sei nicht so viel rätselhaft. Die unverständliche Angst vor dem Pferd ist das Symptom, die Unfähigkeit, auf die Straße zu gehen, ist eine Hemmungserscheinung, eine Einschränkung, die sich das Ich auferlegt, um nicht das Angstsymptom zu wecken. Man sieht ohneweiters die Richtigkeit der Erklärung des letzten Punktes ein und wird nun diese Hemmung bei der weiteren Diskussion außer Betracht lassen. Aber die erste flüchtige Bekanntschaft mit dem Falle lehrt uns nicht einmal den wirklichen Ausdruck des vermeintlichen Symptoms kennen. Es handelt sich, wie wir bei genauerem Verhör erfahren, gar nicht um eine unbestimmte Angst vor dem Pferd, sondern um die bestimmte ängstliche Erwartung: das Pferd werde ihn beißen. Allerdings sucht sich dieser Inhalt dem Bewußtsein zu entziehen und sich durch die unbestimmte Phobie, in der nur noch die Angst und ihr Objekt vorkommen, zu ersetzen. Ist nun etwa dieser Inhalt der Kern des Symptoms?

Wir kommen keinen Schritt weiter, solange wir nicht die ganze psychische Situation des Kleinen in Betracht ziehen, wie sie uns während der analytischen Arbeit enthüllt wird. Er befindet sich in der eifersüchtigen und feindseligen Ödipus-Einstellung zu seinem Vater, den er doch, soweit die Mutter nicht als Ursache der Entzweiung in Betracht kommt, herzlich liebt. Also ein Ambivalenzkonflikt, gut begründete Liebe und nicht minder berechtigter Haß, beide auf dieselbe Person gerichtet. Seine Phobie muß ein Versuch zur Lösung dieses Konflikts sein. Solche Ambivalenzkonflikte sind sehr häufig, wir kennen einen anderen typischen Ausgang derselben. Bei diesem wird die eine der beiden miteinander ringenden Regungen, in der Regel die zärtliche, enorm verstärkt, die andere verschwindet. Nur das Übermaß und das Zwangsmäßige der Zärtlichkeit verrät uns, daß diese Einstellung nicht die einzig vorhandene ist, daß sie ständig auf der Hut ist, ihr Gegenteil in Unterdrückung zu halten, und läßt uns einen Hergang konstruieren, den wir als Verdrängung durch *Reaktionsbildung* (im Ich) beschreiben. Fälle wie der kleine Hans zeigen nichts von solcher Reaktionsbildung; es gibt offenbar verschiedene Wege, die aus einem Ambivalenzkonflikt herausführen.

Etwas anderes haben wir unterdes mit Sicherheit erkannt. Die Triebregung, die der Verdrängung unterliegt, ist ein feindseliger Impuls gegen den Vater. Die Analyse lieferte uns den Beweis hiefür, während sie der Herkunft der Idee des beißenden Pferdes nachspürte. Hans hat ein Pferd fallen gesehen, einen Spielkameraden fallen und sich verletzen, mit dem er „Pferdl" gespielt hatte. Sie hat uns das Recht gegeben, bei Hans eine Wunschregung zu konstruieren, die gelautet hat, der Vater möge hinfallen, sich beschädigen wie das Pferd und der Kamerad. Beziehungen zu einer beobachteten Abreise lassen vermuten, daß der Wunsch nach der Beseitigung des Vaters auch minder zaghaften Ausdruck gefunden hat. Ein solcher Wunsch ist aber gleichwertig mit der Absicht, ihn selbst zu beseitigen, mit der mörderischen Regung des Ödipus-Komplexes.

Von dieser verdrängten Triebregung führt bis jetzt kein Weg zu dem Ersatz für sie, den wir in der Pferdephobie vermuten. Vereinfachen wir nun die psychische Situation des kleinen Hans, indem wir das infantile Moment und die Ambivalenz wegräumen; er sei etwa ein jüngerer Diener in einem Haushalt, der in die Herrin verliebt ist und sich gewisser Gunstbezeugungen von ihrer Seite erfreue. Erhalten bleibt, daß er den stärkeren Hausherrn haßt und ihn beseitigt wissen möchte; dann ist es die natürlichste Folge dieser Situation, daß er die Rache dieses Herrn fürchtet, daß sich bei ihm ein Zustand von Angst vor diesem einstellt – ganz ähnlich wie die Phobie des kleinen Hans vor dem Pferd. Das heißt, wir können die Angst dieser Phobie nicht als Symptom bezeichnen; wenn der kleine Hans, der in seine Mutter verliebt ist, Angst vor dem Vater zeigen würde, hätten wir kein Recht, ihm eine Neurose, eine Phobie, zuzuschreiben. Wir hätten eine durchaus begreifliche affektive Reaktion vor uns. Was diese zur Neurose macht, ist einzig und allein ein anderer Zug, die Ersetzung des Vaters durch das Pferd. Diese Verschiebung stellt also das her, was auf den Namen eines Symptoms Anspruch hat. Sie ist jener andere Mechanismus, der die Erledigung des Ambivalenzkonflikts ohne die Hilfe der Reaktionsbildung gestattet. Ermöglicht oder erleichtert wird sie durch den Umstand, daß die mitgeborenen Spuren totemistischer Denkweise in diesem zarten Alter noch leicht zu beleben sind. Die Kluft zwischen Mensch und Tier ist noch nicht anerkannt, gewiß nicht so überbetont wie später. Der erwachsene, bewunderte, aber auch gefürchtete Mann steht noch in einer Reihe mit dem großen Tier, das man um so vielerlei beneidet, vor dem man aber auch gewarnt worden ist, weil es gefährlich werden kann. Der Ambivalenzkonflikt wird also nicht an derselben Person erledigt, sondern gleichsam umgangen, indem man einer seiner Regungen eine andere Person als Ersatzobjekt unterschiebt.

Soweit sehen wir ja klar, aber in einem anderen Punkte hat uns die Analyse der Phobie des kleinen Hans eine volle Enttäuschung gebracht. Die Entstellung, in der die Symptombildung besteht, wird gar nicht an der Repräsentanz (dem Vorstellungsinhalt) der zu verdrängenden Triebregung vorgenommen, sondern an einer davon ganz verschiedenen, die nur einer Reaktion auf das eigentlich Unliebsame entspricht. Unsere Erwartung fände eher Befriedigung, wenn der kleine Hans an Stelle seiner Angst vor dem Pferd eine Neigung entwickelt hätte, Pferde zu mißhandeln, sie zu schlagen, oder deutlich seinen Wunsch kundgegeben hätte zu sehen, wie sie hinfallen, zu Schaden kommen, eventuell unter Zuckungen verenden (das Krawallmachen mit den Beinen). Etwas der Art tritt auch wirklich während seiner Analyse auf, aber es steht lange nicht voran in der Neurose, und – sonderbar – wenn er wirklich solche Feindseligkeit, nur gegen das Pferd anstatt gegen den Vater gerichtet, als Hauptsymptom entwickelt hätte, würden wir gar nicht geurteilt haben, er befinde sich in einer Neurose. Etwas ist also da nicht in Ordnung, entweder an unserer Auffassung der Verdrängung oder in unserer Definition eines Symptoms. Eines fällt uns natürlich sofort auf: Wenn der kleine Hans wirklich ein solches Verhalten gegen Pferde gezeigt hätte, so wäre ja der Charakter der anstößigen, aggressiven Triebregung durch die Verdrängung gar nicht verändert, nur deren Objekt gewandelt worden.

Es ist ganz sicher, daß es Fälle von Verdrängung gibt, die nicht mehr leisten als dies; bei der Genese der Phobie des kleinen Hans ist aber mehr geschehen. Um wieviel mehr, erraten wir aus einem anderen Stück Analyse.

Wir haben bereits gehört, daß der kleine Hans als den Inhalt seiner Phobie die Vorstellung angab, vom Pferd gebissen zu werden. Nun haben wir später Einblick in die Genese eines anderen Falles von Tierphobie bekommen, in der der Wolf das Angsttier war, aber gleichfalls die Bedeutung eines Vaterersatzes hatte. Im Anschluß an einen Traum, den die Analyse durchsichtig machen konnte, entwickelte sich bei diesem

Knaben die Angst, vom Wolf gefressen zu werden wie eines der sieben Geißlein im Märchen. Daß der Vater des kleinen Hans nachweisbar „Pferdl“ mit ihm gespielt hatte, war gewiß bestimmend für die Wahl des Angsttieres geworden; ebenso ließ sich wenigstens sehr wahrscheinlich machen, daß der Vater meines erst im dritten Jahrzehnt analysierten Russen in den Spielen mit dem Kleinen den Wolf gemimt und scherzend mit dem Auffressen gedroht hatte. Seither habe ich als dritten Fall einen jungen Amerikaner gefunden, bei dem sich zwar keine Tierphobie ausbildete, der aber gerade durch diesen Ausfall die anderen Fälle verstehen hilft. Seine sexuelle Erregung hatte sich an einer phantastischen Kindergeschichte entzündet, die man ihm vorlas, von einem arabischen Häuptling, der einer aus eßbarer Substanz bestehenden Person (dem *Gingerbreadman*) nachjagt, um ihn zu verzehren. Mit diesem eßbaren Menschen identifizierte er sich selbst, der Häuptling war als Vaterersatz leicht kenntlich, und diese Phantasie wurde die erste Unterlage seiner autoerotischen Betätigung. Die Vorstellung, vom Vater gefressen zu werden, ist aber typisches uraltes Kindergut; die Analogien aus der Mythologie (Kronos) und dem Tierleben sind allgemein bekannt.

Trotz solcher Erleichterungen ist dieser Vorstellungsinhalt uns so fremdartig, daß wir ihn dem Kinde nur ungläubig zugestehen können. Wir wissen auch nicht, ob er wirklich das bedeutet, was er auszusagen scheint, und verstehen nicht, wie er Gegenstand einer Phobie werden kann. Die analytische Erfahrung gibt uns allerdings die erforderlichen Auskünfte. Sie lehrt uns, daß die Vorstellung, vom Vater gefressen zu werden, der regressiv erniedrigte Ausdruck für eine passive zärtliche Regung ist, die vom Vater als Objekt im Sinne der Genitalerotik geliebt zu werden begehrt. Die Verfolgung der Geschichte des Falles läßt keinen Zweifel an der Richtigkeit dieser Deutung aufkommen. Die genitale Regung verrät freilich nichts mehr von ihrer zärtlichen Absicht, wenn sie in der Sprache der überwundenen Übergangsphase von der oralen zur sadistischen Libidoorganisation ausgedrückt wird. Handelt es sich übrigens nur um eine Ersetzung der Repräsentanz durch einen regressiven Ausdruck oder um eine wirkliche regressive Erniedrigung der genitalgerichteten Regung im Es? Das scheint gar nicht so leicht zu entscheiden. Die Krankengeschichte des russischen „Wolfsmannes“ spricht ganz entschieden für die letztere ernstere Möglichkeit, denn er benimmt sich von dem entscheidenden Traum an „schlimm“, quälerisch, sadistisch und entwickelt bald darauf eine richtige Zwangsneurose. Jedenfalls gewinnen wir die Einsicht, daß die Verdrängung nicht das einzige Mittel ist, das dem Ich zur Abwehr einer unliebsamen Triebregung zu Gebote steht. Wenn es ihm gelingt, den Trieb zur Regression zu bringen, so hat es ihn im Grunde energischer beeinträchtigt, als durch die Verdrängung möglich wäre. Allerdings läßt es manchmal der zuerst erzwungenen Regression die Verdrängung folgen.

Der Sachverhalt beim Wolfsmann und der etwas einfachere beim kleinen Hans regen noch mancherlei Überlegungen an, aber zwei unerwartete Einsichten gewinnen wir schon jetzt. Kein Zweifel, die bei diesen Phobien verdrängte Triebregung ist eine feindselige gegen den Vater. Man kann sagen, sie wird verdrängt durch den Prozeß der Verwandlung ins Gegenteil; an Stelle der Aggression gegen den Vater tritt die Aggression – die Rache – des

Vaters gegen die eigene Person. Da eine solche Aggression ohnedies in der sadistischen Libidophase wurzelt, bedarf sie nur noch einer gewissen Erniedrigung zur oralen Stufe, die bei Hans durch das Gebissenwerden angedeutet, beim Russen aber im Gefressenwerden grell ausgeführt ist. Aber außerdem läßt ja die Analyse über jeden Zweifel gesichert feststellen, daß gleichzeitig noch eine andere Triebregung der Verdrängung erlegen ist, die gegensinnige einer zärtlichen passiven Regung für den Vater, die bereits das Niveau der genitalen (phallischen) Libidoorganisation erreicht hatte. Die letztere scheint sogar die für das Endergebnis des Verdrängungsvorganges bedeutsamere zu sein, sie erfährt die weitergehende Regression, sie erhält den bestimmenden Einfluß auf den Inhalt der Phobie. Wo wir also nur einer Triebverdrängung nachgespürt haben, müssen wir das Zusammentreffen von zwei solchen Vorgängen anerkennen; die beiden betroffenen Triebregungen – sadistische Aggression gegen den Vater und zärtlich passive Einstellung zu ihm – bilden ein Gegensatzpaar, ja noch mehr: wenn wir die Geschichte des kleinen Hans richtig würdigen, erkennen wir, daß durch die Bildung seiner Phobie auch die zärtliche Objektbesetzung der Mutter aufgehoben worden ist, wovon der Inhalt der Phobie nichts verrät. Es handelt sich bei Hans – beim Russen ist das weit weniger deutlich – um einen Verdrängungsvorgang, der fast alle Komponenten des Ödipus-Komplexes betrifft, die feindliche wie die zärtliche Regung gegen den Vater und die zärtliche für die Mutter.

Das sind unerwünschte Komplikationen für uns, die wir nur einfache Fälle von Symptombildung infolge von Verdrängung studieren wollten und uns in dieser Absicht an die frühesten und anscheinend durchsichtigsten Neurosen der Kindheit gewendet hatten. Anstatt einer einzigen Verdrängung fanden wir eine Häufung von solchen vor, und überdies bekamen wir es mit der Regression zu tun. Vielleicht haben wir die Verwirrung dadurch gesteigert, daß wir die beiden verfügbaren Analysen von Tierphobien – die des kleinen Hans und des Wolfmannes – durchaus auf denselben Leisten schlagen wollten. Nun fallen uns gewisse Unterschiede der beiden auf. Nur vom kleinen Hans kann man mit Bestimmtheit aussagen, daß er durch seine Phobie die beiden Hauptregungen des Ödipus-Komplexes, die aggressive gegen den Vater und die überzärtliche gegen die Mutter, erledigt; die zärtliche für den Vater ist gewiß auch vorhanden, sie spielt ihre Rolle bei der Verdrängung ihres Gegensatzes, aber es ist weder nachweisbar, daß sie stark genug war, um eine Verdrängung zu provozieren, noch daß sie nachher aufgehoben ist. Hans scheint eben ein normaler Junge mit sogenanntem „positiven" Ödipus-Komplex gewesen zu sein. Möglich, daß die Momente, die wir vermissen, auch bei ihm mittätig waren, aber wir können sie nicht aufzeigen, das Material selbst unserer eingehendsten Analysen ist eben lückenhaft, unsere Dokumentierung unvollständig. Beim Russen ist der Defekt an anderer Stelle; seine Beziehung zum weiblichen Objekt ist durch eine frühzeitige Verführung gestört worden, die passive, feminine Seite ist bei ihm stark ausgebildet, und die Analyse seines Wolfstraumes enthüllt wenig von beabsichtigter Aggression gegen den Vater, erbringt dafür die unzweideutigsten Beweise, daß die Verdrängung die passive, zärtliche Einstellung zum Vater betrifft. Auch hier mögen die anderen Faktoren beteiligt gewesen sein, sie treten aber nicht vor. Wenn trotz dieser Unterschiede der beiden Fälle, die sich nahezu einer Gegensätzlichkeit nähern, der Enderfolg der Phobie nahezu der nämliche ist, so muß uns die Erklärung dafür von anderer Seite kommen; sie kommt von dem zweiten Ergebnis unserer kleinen vergleichenden Untersuchung. Wir glauben den Motor der Verdrängung in beiden Fällen zu kennen und sehen seine Rolle durch den Verlauf bestätigt, den die Entwicklung der zwei Kinder nimmt. Er ist in beiden Fällen der nämliche, die Angst vor einer drohenden Kastration. Aus Kastrationsangst gibt der kleine Hans die Aggression gegen den Vater auf; seine Angst, das Pferd werde ihn beißen, kann zwanglos vervollständigt werden, das Pferd werde ihm das Genitale abbeißen, ihn kastrieren. Aber aus Kastrationsangst verzichtet auch der kleine Russe auf den Wunsch, vom Vater als Sexualobjekt geliebt zu werden, denn er hat verstanden, eine solche Beziehung hätte zur Voraussetzung, daß er sein Genitale aufopfert, das, was ihn vom Weib unterscheidet. Beide Gestaltungen des Ödipus-Komplexes, die normale, aktive, wie die invertierte, scheitern ja am Kastrationskomplex. Die Angstidee des Russen, vom Wolf gefressen zu werden, enthält zwar keine Andeutung der Kastration, sie hat sich durch orale Regression zu weit von der phallischen Phase entfernt, aber die Analyse seines Traumes macht jeden anderen Beweis überflüssig. Es ist auch ein voller Triumph der Verdrängung, daß im Wortlaut der Phobie nichts mehr auf die Kastration hindeutet.

Hier nun das unerwartete Ergebnis: In beiden Fällen ist der Motor der Verdrängung die Kastrationsangst; die Angstinhalte, vom Pferd gebissen und vom Wolf gefressen zu werden, sind Entstellungsersatz für den Inhalt, vom Vater kastriert zu werden.

Dieser Inhalt ist es eigentlich, der die Verdrängung an sich erfahren hat. Beim Russen war er Ausdruck eines Wunsches, der gegen die Auflehnung der Männlichkeit nicht bestehen konnte, bei Hans Ausdruck einer Reaktion, welche die Aggression in ihr Gegenteil umwandelte. Aber der Angstaffekt der Phobie, der ihr Wesen ausmacht, stammt nicht aus dem Verdrängungsvorgang, nicht aus den libidinösen Besetzungen der verdrängten Regungen, sondern aus dem Verdrängenden selbst; die Angst der Tierphobie ist die unverwandelte Kastrationsangst, also eine Realangst, Angst vor einer wirklich drohenden oder als real beurteilten Gefahr. Hier macht die Angst die Verdrängung, nicht, wie ich früher gemeint habe, die Verdrängung die Angst.

Es ist nicht angenehm, daran zu denken, aber es hilft nichts, es zu verleugnen, ich habe oftmals den Satz vertreten, durch die Verdrängung werde die Triebrepräsentanz entstellt, verschoben u. dgl., die Libido der Triebregung aber in Angst verwandelt. Die Untersuchung der Phobien, die vor allem berufen sein sollte, diesen Satz zu erweisen, bestätigt ihn also nicht, sie scheint ihm vielmehr direkt zu widersprechen. Die Angst der Tierphobien ist die Kastrationsangst des Ichs, die der weniger gründlich studierten Agoraphobie scheint Versuchungsangst zu sein, die ja genetisch mit der Kastrationsangst zusammenhängen muß. Die meisten Phobien gehen, soweit wir es heute übersehen, auf eine solche Angst des Ichs vor den Ansprüchen der Libido zurück. Immer ist dabei die Angsteinstellung des Ichs das Primäre und der Antrieb zur Verdrängung. Niemals geht die Angst aus der verdrängten Libido hervor. Wenn ich mich früher begnügt hätte zu sagen, nach der Verdrängung erscheint an Stelle der zu erwartenden Äußerung von Libido ein Maß von Angst, so hätte ich heute nichts zurückzunehmen. Die Beschreibung ist richtig, und zwischen der Stärke der zu verdrängenden Regung und der Intensität der resultierenden Angst besteht wohl die behauptete Entsprechung. Aber ich gestehe, ich glaubte mehr als eine bloße Beschreibung zu geben, ich nahm an, daß ich den metapsychologischen Vorgang einer direkten Umsetzung der Libido in Angst erkannt hatte; das kann ich also heute nicht mehr festhalten. Ich konnte auch früher nicht angeben, wie sich eine solche Umwandlung vollzieht.

Woher schöpfte ich überhaupt die Idee dieser Umsetzung? Zur Zeit, als es uns noch sehr ferne lag, zwischen Vorgängen im Ich und Vorgängen im Es zu unterscheiden, aus dem Studium der Aktualneurosen. Ich fand, daß bestimmte sexuelle Praktiken wie *coitus interruptus*, frustrane Erregung, erzwungene Abstinenz Angstausbrüche und eine allgemeine Angstbereitschaft erzeugen, also immer, wenn die Sexualerregung in ihrem Ablauf zur Befriedigung gehemmt, aufgehalten oder abgelenkt wird. Da die Sexualerregung der Ausdruck libidinöser Triebregungen ist, schien es nicht gewagt anzunehmen, daß die Libido sich durch die Einwirkung solcher Störungen in Angst verwandelt. Nun ist diese Beobachtung auch heute noch giltig; anderseits ist nicht abzuweisen, daß die Libido der Es-Vorgänge durch die Anregung der Verdrängung eine Störung erfährt; es kann also noch immer richtig sein, daß sich bei der Verdrängung Angst aus der Libidobesetzung der Triebregungen bildet. Aber wie soll man dieses Ergebnis mit dem anderen zusammenbringen, daß die Angst der Phobien eine Ich-Angst ist, im Ich entsteht, nicht aus der Verdrängung hervorgeht, sondern die Verdrängung hervorruft? Das scheint ein

Widerspruch und nicht einfach zu lösen. Die Reduktion der beiden Ursprünge der Angst auf einen einzigen läßt sich nicht leicht durchsetzen. Man kann es mit der Annahme versuchen, daß das Ich in der Situation des gestörten Koitus, der unterbrochenen Erregung, der Abstinenz, Gefahren wittert, auf die es mit Angst reagiert, aber es ist nichts damit zu machen. Anderseits scheint die Analyse der Phobien, die wir vorgenommen haben, eine Berichtigung nicht zuzulassen. *Non liquet!*

Kapitel V

Wir wollten die Symptombildung und den sekundären Kampf des Ichs gegen das Symptom studieren, aber wir haben offenbar mit der Wahl der Phobien keinen glücklichen Griff getan. Die Angst, welche im Bild dieser Affektionen vorherrscht, erscheint uns nun als eine den Sachverhalt verhüllende Komplikation. Es gibt reichlich Neurosen, bei denen sich nichts von Angst zeigt. Die echte Konversionshysterie ist von solcher Art, deren schwerste Symptome ohne Beimengung von Angst gefunden werden. Schon diese Tatsache müßte uns warnen, die Beziehungen zwischen Angst und Symptombildung nicht allzu fest zu knüpfen. Den Konversionshysterien stehen die Phobien sonst so nahe, daß ich mich für berechtigt gehalten habe, ihnen diese als „Angsthysterie“ anzureihen. Aber niemand hat noch die Bedingung angeben können, die darüber entscheidet, ob ein Fall die Form einer Konversionshysterie oder einer Phobie annimmt, niemand also die Bedingung der Angstentwicklung bei der Hysterie ergründet.

Die häufigsten Symptome der Konversionshysterie, eine motorische Lähmung, Kontraktur oder unwillkürliche Aktion oder Entladung, ein Schmerz, eine Halluzination, sind entweder permanent festgehaltene oder intermittierende Besetzungsvorgänge, was der Erklärung neue Schwierigkeiten bereitet. Man weiß eigentlich nicht viel über solche Symptome zu sagen. Durch die Analyse kann man erfahren, welchen gestörten Erregungsablauf sie ersetzen. Zumeist ergibt sich, daß sie selbst einen Anteil an diesem haben, so als ob sich die gesamte Energie desselben auf dies eine Stück konzentriert hätte. Der Schmerz war in der Situation, in welcher die Verdrängung vorfiel, vorhanden; die Halluzination war damals Wahrnehmung, die motorische Lähmung ist die Abwehr einer Aktion, die in jener Situation hätte ausgeführt werden sollen, aber gehemmt wurde, die Kontraktur gewöhnlich eine Verschiebung für eine damals intendierte Muskelinnervation an anderer Stelle, der Krampfanfall Ausdruck eines Affektausbruches, der sich der normalen Kontrolle des Ichs entzogen hat. In ganz auffälligem Maße wechselnd ist die Unlustempfindung, die das Auftreten der Symptome begleitet. Bei den permanenten, auf die Motilität verschobenen Symptomen, wie Lähmungen und Kontrakturen, fehlt sie meistens gänzlich, das Ich verhält sich gegen sie wie unbeteiligt; bei den intermittierenden und den Symptomen der sensorischen Sphäre werden in der Regel deutliche Unlustempfindungen verspürt, die sich im Falle des Schmerzsymptoms zu exzessiver Höhe steigern können. Es ist sehr schwer, in dieser Mannigfaltigkeit das Moment herauszufinden, das solche Differenzen ermöglicht und sie doch einheitlich erklären läßt. Auch vom Kampf des Ichs gegen das einmal gebildete Symptom ist bei der Konversionshysterie wenig zu merken. Nur wenn die Schmerzempfindlichkeit einer Körperstelle zum Symptom geworden ist, wird diese in den Stand gesetzt, eine Doppelrolle zu spielen. Das Schmerzsymptom tritt ebenso sicher auf, wenn diese Stelle von außen berührt wird, wie wenn die von ihr vertretene pathogene Situation von innen her assoziativ aktiviert wird, und das Ich ergreift Vorsichtsmaßregeln, um die Erweckung des Symptoms durch äußere Wahrnehmung hintanzuhalten. Woher die besondere Undurchsichtigkeit der Symptombildung bei der Konversionshysterie rührt, können wir nicht erraten, aber sie gibt uns ein Motiv, das unfruchtbare Gebiet bald zu verlassen.

Wir wenden uns zur Zwangsneurose in der Erwartung, hier mehr über die Symptombildung zu erfahren. Die Symptome der Zwangsneurose sind im allgemeinen von zweierlei Art und entgegengesetzter Tendenz. Es sind entweder Verbote, Vorsichtsmaßregeln, Bußen, also negativer Natur, oder im Gegenteil Ersatzbefriedigungen, sehr häufig in symbolischer Verkleidung. Von diesen zwei Gruppen ist die negative, abwehrende, strafende, die ältere; mit der Dauer des Krankseins nehmen aber die aller Abwehr spottenden Befriedigungen überhand. Es ist ein Triumph der Symptombildung, wenn es gelingt, das Verbot mit der Befriedigung zu verquicken, so daß das ursprünglich abwehrende Gebot oder Verbot auch die Bedeutung einer Befriedigung bekommt, wozu oft sehr künstliche Verbindungswege in Anspruch genommen werden. In dieser Leistung zeigt sich die Neigung zur Synthese, die wir dem Ich bereits zuerkannt haben. In extremen Fällen bringt es der Kranke zustande, daß die meisten seiner Symptome zu ihrer ursprünglichen Bedeutung auch die des direkten Gegensatzes erworben haben, ein Zeugnis für die Macht der Ambivalenz, die, wir wissen nicht warum, in der Zwangsneurose eine so große Rolle spielt. Im rohesten Fall ist das Symptom zweizeitig, d. h. auf die Handlung, die eine gewisse Vorschrift ausführt, folgt unmittelbar eine zweite, die sie aufhebt oder rückgängig macht, wenngleich sie noch nicht wagt, ihr Gegenteil auszuführen.

Zwei Eindrücke ergeben sich sofort aus dieser flüchtigen Überschau der Zwangssymptome. Der erste, daß hier ein fortgesetzter Kampf gegen das Verdrängte unterhalten wird, der sich immer mehr zu Ungunsten der verdrängenden Kräfte wendet, und zweitens, daß Ich und Über-Ich hier einen besonders großen Anteil an der Symptombildung nehmen.

Die Zwangsneurose ist wohl das interessanteste und dankbarste Objekt der analytischen Untersuchung, aber noch immer als Problem unbezwungen. Wollen wir in ihr Wesen tiefer eindringen, so müssen wir eingestehen, daß unsichere Annahmen und unbewiesene Vermutungen noch nicht entbehrt werden können. Die Ausgangssituation der Zwangsneurose ist wohl keine andere als die der Hysterie, die notwendige Abwehr der libidinösen Ansprüche des Ödipus-Komplexes. Auch scheint sich bei jeder Zwangsneurose eine unterste Schicht sehr früh gebildeter hysterischer Symptome zu finden. Dann aber wird die weitere Gestaltung durch einen konstitutionellen Faktor entscheidend verändert. Die genitale Organisation der Libido erweist sich als schwächlich und zu wenig resistent. Wenn das Ich sein Abwehrstreben beginnt, so erzielt es als ersten Erfolg, daß die Genitalorganisation (der phallischen Phase) ganz oder teilweise auf die frühere sadistisch-anale Stufe zurückgeworfen wird. Diese Tatsache der Regression bleibt für alles folgende bestimmend.

Man kann noch eine andere Möglichkeit in Erwägung ziehen. Vielleicht ist die Regression nicht die Folge eines konstitutionellen, sondern eines zeitlichen Faktors. Sie wird nicht darum ermöglicht werden, weil die Genitalorganisation der Libido zu schwächlich geraten, sondern weil das Sträuben des Ichs zu frühzeitig, noch während der Blüte der sadistischen Phase eingesetzt hat. Einer sicheren Entscheidung getraue ich mich auch in diesem Punkte nicht, aber die analytische Beobachtung begünstigt diese Annahme nicht. Sie zeigt eher, daß bei der Wendung zur Zwangsneurose die phallische Stufe bereits erreicht ist. Auch ist das Lebensalter für den Ausbruch dieser Neurose ein späteres als das der Hysterie (die zweite Kindheitsperiode, nach dem Termin der Latenzzeit), und in einem Fall von sehr später Entwicklung dieser Affektion, den ich studieren konnte, ergab es sich klar, daß eine reale Entwertung des bis dahin intakten Genitallebens die Bedingung für die Regression und die Entstehung der Zwangsneurose schuf.

Die metapsychologische Erklärung der Regression suche ich in einer „Triebentmischung“, in der Absonderung der erotischen Komponenten, die mit Beginn der genitalen Phase zu den destruktiven Besetzungen der sadistischen Phase hinzugetreten waren.

Die Erzwingung der Regression bedeutet den ersten Erfolg des Ichs im Abwehrkampf gegen den Anspruch der Libido. Wir unterscheiden hier zweckmäßig die allgemeinere Tendenz der „Abwehr“ von der „Verdrängung“, die nur eine der Mechanismen ist, deren sich die Abwehr bedient. Vielleicht noch klarer als bei normalen und hysterischen Fällen erkennt man bei der Zwangsneurose als den Motor der Abwehr den Kastrationskomplex, als das Abgewehrte die Strebungen des Ödipus-Komplexes. Wir befinden uns nun zu Beginn der Latenzzeit, die durch den Untergang des Ödipus-Komplexes, die Schöpfung oder Konsolidierung des Über-Ichs und die Aufrichtung der ethischen und ästhetischen Schranken im Ich gekennzeichnet ist. Diese Vorgänge gehen bei der Zwangsneurose über das normale Maß hinaus; zur Zerstörung des Ödipus-Komplexes tritt die regressive Erniedrigung der Libido hinzu, das Über-Ich wird besonders strenge und lieblos, das Ich entwickelt im Gehorsam gegen das Über-Ich hohe Reaktionsbildungen von Gewissenhaftigkeit, Mitleid, Reinlichkeit. Mit unerbittlicher, darum nicht immer erfolgreicher Strenge wird die Versuchung zur Fortsetzung der frühinfantilen Onanie verpönt, die sich nun an regressive (sadistisch-anale) Vorstellungen anlehnt, aber doch den unbezwungenen Anteil der phallischen Organisation repräsentiert. Es liegt ein innerer Widerspruch darin, daß gerade im Interesse der Erhaltung der Männlichkeit (Kastrationsangst) jede Betätigung dieser Männlichkeit verhindert wird, aber auch dieser Widerspruch wird bei der Zwangsneurose nur übertrieben, er haftet bereits an der normalen Art der Beseitigung des Ödipus-Komplexes. Wie jedes Übermaß den Keim zu seiner Selbstaufhebung in sich trägt, wird sich auch an der Zwangsneurose bewähren, indem gerade die unterdrückte

Onanie sich in der Form der Zwangshandlungen eine immer weiter gehende Annäherung an die Befriedigung erzwingt.

Die Reaktionsbildungen im Ich der Zwangsneurotiker, die wir als Übertreibungen der normalen Charakterbildung erkennen, dürfen wir als einen neuen Mechanismus der Abwehr gegen die Regression und die Verdrängung hinstellen. Sie scheinen bei der Hysterie zu fehlen oder weit schwächer zu sein. Rückschauend gewinnen wir so eine Vermutung, wodurch der Abwehrvorgang der Hysterie ausgezeichnet ist. Es scheint, daß er sich auf die Verdrängung einschränkt, indem das Ich sich von der unliebsamen Triebregung abwendet, sie dem Ablauf im Unbewußten überläßt und an ihren Schicksalen keinen weiteren Anteil nimmt. So ganz ausschließend richtig kann das zwar nicht sein, denn wir kennen ja den Fall, daß das hysterische Symptom gleichzeitig die Erfüllung einer Strafanforderung des Über-Ichs bedeutet, aber es mag einen allgemeinen Charakter im Verhalten des Ichs bei der Hysterie beschreiben.

Man kann es einfach als Tatsache hinnehmen, daß sich bei der Zwangsneurose ein so strenges Über-Ich bildet, oder man kann daran denken, daß der fundamentale Zug dieser Affektion die Libidoregression ist, und versuchen, auch den Charakter des Über-Ichs mit ihr zu verknüpfen. In der Tat kann ja das Über-Ich, das aus dem Es stammt, sich der dort eingetretenen Regression und Triebentmischung nicht entziehen. Es wäre nicht zu verwundern, wenn es seinerseits härter, quälerischer, liebloser würde als bei normaler Entwicklung.

Während der Latenzzeit scheint die Abwehr der Onanieversuchung als Hauptaufgabe behandelt zu werden.

Dieser Kampf erzeugt eine Reihe von Symptomen, die bei den verschiedensten Personen in typischer Weise wiederkehren und im allgemeinen den Charakter des Zeremoniells tragen. Es ist sehr zu bedauern, daß sie noch nicht gesammelt und systematisch analysiert worden sind; als früheste Leistungen der Neurose würden sie über den hier verwendeten Mechanismus der Symptombildung am ehesten Licht verbreiten. Sie zeigen bereits die Züge, welche in einer späteren schweren Erkrankung so verhängnisvoll hervortreten werden: die Unterbringung an den Verrichtungen, die später wie automatisch ausgeführt werden sollen, am Schlafengehen, Waschen und Ankleiden, an der Lokomotion, die Neigung zur Wiederholung und zum Zeitaufwand. Warum das so geschieht, ist noch keineswegs verständlich; die Sublimierung analerotischer Komponenten spielt dabei eine deutliche Rolle.

Die Pubertät macht in der Entwicklung der Zwangsneurose einen entscheidenden Abschnitt. Die in der Kindheit abgebrochene Genitalorganisation setzt nun mit großer Kraft wieder ein. Wir wissen aber, daß die Sexualentwicklung der Kinderzeit auch für den Neubeginn der Pubertätsjahre die Richtung vorschreibt. Es werden also einerseits die aggressiven Regungen der Frühzeit wieder erwachen, anderseits muß ein mehr oder minder großer Anteil der neuen libidinösen Regungen – in bösen Fällen deren Ganzes – die durch die Regression vorgezeichneten Bahnen einschlagen und als aggressive und destruktive Absichten auftreten. Infolge dieser Verkleidung der erotischen Strebungen und der starken Reaktionsbildungen im Ich, wird nun der Kampf gegen die Sexualität unter ethischer Flagge weitergeführt. Das Ich sträubt sich verwundert gegen grausame und gewalttätige Zumutungen, die ihm vom Es her ins Bewußtsein geschickt werden, und ahnt nicht, daß es dabei erotische Wünsche bekämpft, darunter auch solche, die sonst seinem Einspruch entgangen wären. Das überstrenge Über-Ich besteht um so energischer auf der Unterdrückung der Sexualität, da sie so abstoßende Formen angenommen hat. So zeigt sich der Konflikt bei der Zwangsneurose nach zwei Richtungen verschärft, das Abwehrende ist intoleranter, das Abzuwehrende unerträglicher geworden; beides durch den Einfluß des einen Moments, der Libidoregression.

Man könnte einen Widerspruch gegen manche unserer Voraussetzungen darin finden, daß die unliebsame Zwangsvorstellung überhaupt bewußt wird. Allein es ist kein Zweifel, daß sie vorher den Prozeß der Verdrängung durchgemacht hat. In den meisten Fällen ist der eigentliche Wortlaut der aggressiven Triebregung dem Ich überhaupt nicht bekannt. Es gehört ein gutes Stück analytischer Arbeit dazu, um ihn bewußt zu machen. Was zum Bewußtsein durchdringt, ist in der Regel nur ein entstellter Ersatz, entweder von einer verschwommenen, traumhaften Unbestimmtheit oder unkenntlich gemacht durch eine absurde Verkleidung. Wenn die Verdrängung nicht den Inhalt der aggressiven Triebregung angenagt hat, so hat sie doch gewiß den sie begleitenden Affektcharakter beseitigt. So erscheint die Aggression dem Ich nicht als ein Impuls, sondern, wie die Kranken sagen, als ein bloßer „Gedankeninhalt“, der einen kalt lassen sollte. Das Merkwürdigste ist, daß dies doch nicht der Fall ist.

Der bei der Wahrnehmung der Zwangsvorstellung ersparte Affekt kommt nämlich an anderer Stelle zum Vorschein. Das Über-Ich benimmt sich so, als hätte keine Verdrängung stattgefunden, als wäre ihm die aggressive Regung in ihrem richtigen Wortlaut und mit ihrem vollen Affektcharakter bekannt, und behandelt das Ich auf Grund dieser Voraussetzung. Das Ich, das sich einerseits schuldlos weiß, muß anderseits ein Schuldgefühl verspüren und eine Verantwortlichkeit tragen, die es sich nicht zu erklären weiß. Das Rätsel, das uns hiemit aufgegeben wird, ist aber nicht so groß, als es zuerst erscheint. Das Verhalten des Über-Ichs ist durchaus verständlich, der Widerspruch im Ich beweist uns nur, daß es sich mittels der Verdrängung gegen das Es verschlossen hat, während es den Einflüssen aus dem Über-Ich voll zugänglich geblieben ist. Der weiteren Frage, warum das Ich sich nicht auch der peinigenden Kritik des Über-Ichs zu entziehen sucht, macht die Nachricht ein Ende, daß dies wirklich in einer großen Reihe von Fällen so geschieht. Es gibt auch Zwangsneurosen ganz ohne Schuldbewußtsein; soweit wir es verstehen, hat sich das Ich die Wahrnehmung desselben durch eine neue Reihe von Symptomen, Bußhandlungen, Einschränkungen zur Selbstbestrafung, erspart. Diese Symptome bedeuten aber gleichzeitig Befriedigungen masochistischer Triebregungen, die ebenfalls aus der Regression eine Verstärkung bezogen haben.

Die Mannigfaltigkeit in den Erscheinungen der Zwangsneurose ist eine so großartige, daß es noch keiner Bemühung gelungen ist, eine zusammenhängende Synthese aller ihrer Variationen zu geben. Man ist bestrebt, typische Beziehungen herauszuheben, und dabei immer in Sorge, andere nicht minder wichtige Regelmäßigkeiten zu übersehen.

Die allgemeine Tendenz der Symptombildung bei der Zwangsneurose habe ich bereits beschrieben. Sie geht dahin, der Ersatzbefriedigung immer mehr Raum auf Kosten der Versagung zu schaffen. Dieselben Symptome, die ursprünglich Einschränkungen des Ichs bedeuteten, nehmen dank der Neigung des Ichs zur Synthese später auch die von Befriedigungen an, und es ist unverkennbar, daß die letztere Bedeutung allmählich die wirksamere wird. Ein äußerst eingeschränktes Ich, das darauf angewiesen ist, seine Befriedigungen in den Symptomen zu suchen, wird das Ergebnis dieses Prozesses, der sich immer mehr dem völligen Fehlschlagen des anfänglichen Abwehrstrebens nähert. Die Verschiebung des Kräfteverhältnisses zugunsten der Befriedigung kann zu dem gefürchteten Endausgang der Willenslähmung des Ichs führen, das für jede Entscheidung beinahe ebenso starke Antriebe von der einen wie von der anderen Seite findet. Der überscharfe Konflikt zwischen Es und Über-Ich, der die Affektion von Anfang an beherrscht, kann sich so sehr ausbreiten, daß keine der Verrichtungen des zur Vermittlung unfähigen Ichs der Einbeziehung in diesen Konflikt entgehen kann.

Kapitel VI

Während dieser Kämpfe kann man zwei symptombildende Tätigkeiten des Ichs beobachten, die ein besonderes Interesse verdienen, weil sie offenbare Surrogate der Verdrängung sind und darum deren Tendenz und Technik schön erläutern können. Vielleicht dürfen wir auch das Hervortreten dieser Hilfs- und Ersatztechniken als einen Beweis dafür auffassen, daß die Durchführung der regelrechten Verdrängung auf Schwierigkeiten stößt. Wenn wir erwägen, daß bei der Zwangsneurose das Ich soviel mehr Schauplatz der Symptombildung ist als bei der Hysterie, daß dieses Ich zähe an seiner Beziehung zur Realität und zum Bewußtsein festhält und dabei alle seine intellektuellen Mittel aufbietet, ja, daß die Denktätigkeit überbesetzt, erotisiert erscheint, werden uns solche Variationen der Verdrängung vielleicht nähergebracht.

Die beiden angedeuteten Techniken sind das *Ungeschehenmachen* und das *Isolieren*. Die erstere hat ein großes Anwendungsgebiet und reicht weit zurück. Sie ist sozusagen negative Magie, sie will durch motorische Symbolik nicht die Folgen eines Ereignisses (Eindruckes, Erlebnisses), sondern dieses selbst „wegblasen“. Mit der Wahl dieses letzten Ausdruckes ist darauf hingewiesen, welche Rolle diese Technik nicht nur in der Neurose, sondern auch in den Zauberhandlungen, Volksgebräuchen und im religiösen Zeremoniell spielt. In der Zwangsneurose begegnet man dem Ungeschehen machen zuerst bei den zweizeitigen Symptomen, wo der zweite Akt den ersten aufhebt, so, als ob nichts geschehen wäre, wo in Wirklichkeit beides geschehen ist. Das zwangsneurotische Zeremoniell hat in der Absicht des Ungeschehenmachens seine zweite Wurzel. Die erste ist die Verhütung, die Vorsicht, damit etwas Bestimmtes nicht geschehe, sich nicht wiederhole. Der Unterschied ist leicht zu fassen; die Vorsichtsmaßregeln sind rationell, die

„Aufhebungen" durch Ungeschehenmachen irrationell, magischer Natur. Natürlich muß man vermuten, daß diese zweite Wurzel die ältere, aus der animistischen Einstellung zur Umwelt stammende ist. Seine Abschattung zum Normalen findet das Streben zum Ungeschehenmachen in dem Entschluß, ein Ereignis als *„non arrivé"* zu behandeln, aber dann unternimmt man nichts dagegen, kümmert sich weder um das Ereignis noch um seine Folgen, während man in der Neurose die Vergangenheit selbst aufzuheben, motorisch zu verdrängen sucht. Dieselbe Tendenz kann auch die Erklärung des in der Neurose so häufigen Zwanges zur *Wiederholung* geben, bei dessen Ausführung sich dann mancherlei einander widerstreitende Absichten zusammenfinden. Was nicht in solcher Weise geschehen ist, wie es dem Wunsch gemäß hätte geschehen sollen, wird durch die Wiederholung in anderer Weise ungeschehen gemacht, wozu nun alle die Motive hinzutreten, bei diesen Wiederholungen zu verweilen. Im weiteren Verlauf der Neurose enthüllt sich oft die Tendenz, ein traumatisches Erlebnis ungeschehen zu machen, als ein symptombildendes Motiv von erstem Range. Wir erhalten so unerwarteten Einblick in eine neue, motorische Technik der Abwehr oder, wie wir hier mit geringerer Ungenauigkeit sagen können, der Verdrängung.

Die andere der neu zu beschreibenden Techniken ist das der Zwangsneurose eigentümlich zukommende *Isolieren*. Es bezieht sich gleichfalls auf die motorische Sphäre, besteht darin, daß nach einem unliebsamen Ereignis, ebenso nach einer im Sinne der Neurose bedeutsamen eigenen Tätigkeit, eine Pause eingeschoben wird, in der sich nichts mehr ereignen darf, keine

Wahrnehmung gemacht und keine Aktion ausgeführt wird. Dies zunächst sonderbare Verhalten verrät uns bald seine Beziehung zur Verdrängung. Wir wissen, bei Hysterie ist es möglich, einen traumatischen Eindruck der Amnesie verfallen zu lassen; bei der Zwangsneurose ist dies oft nicht gelungen, das Erlebnis ist nicht vergessen, aber es ist von seinem Affekt entblößt, und seine assoziativen Beziehungen sind unterdrückt oder unterbrochen, so daß es wie isoliert dasteht und auch nicht im Verlaufe der Denktätigkeit reproduziert wird. Der Effekt dieser Isolierung ist dann der nämliche wie bei der Verdrängung mit Amnesie. Diese Technik wird also in den Isolierungen der Zwangsneurose reproduziert, aber dabei auch in magischer Absicht motorisch verstärkt. Was so auseinandergehalten wird, ist gerade das, was assoziativ zusammengehört, die motorische Isolierung soll eine Garantie für die Unterbrechung des Zusammenhanges im Denken geben. Einen Vorwand für dies Verfahren der Neurose gibt der normale Vorgang der Konzentration. Was uns bedeutsam als Eindruck, als Aufgabe erscheint, soll nicht durch die gleichzeitigen Ansprüche anderer Denkverrichtungen oder Tätigkeiten gestört werden. Aber schon im Normalen wird die Konzentration dazu verwendet, nicht nur das Gleichgültige, nicht Dazugehörige, sondern vor allem das unpassende Gegensätzliche fernzuhalten. Als das Störendste wird empfunden, was ursprünglich zusammengehört hat und durch den Fortschritt der Entwicklung auseinandergerissen wurde, z. B. die Äußerungen der Ambivalenz des Vaterkomplexes in der Beziehung zu Gott oder die Regungen der Exkretionsorgane in den Liebeserregungen. So hat das Ich normalerweise eine große Isolierungsarbeit bei der Lenkung des Gedankenablaufes zu leisten, und wir wissen, in der Ausübung der analytischen Technik müssen wir das Ich dazu erziehen, auf diese sonst durchaus gerechtfertigte Funktion zeitweilig zu verzichten.

Wir haben alle die Erfahrung gemacht, daß es dem Zwangsneurotiker besonders schwer wird, die psychoanalytische Grundregel zu befolgen. Wahrscheinlich infolge der hohen Konfliktspannung zwischen seinem Über-Ich und seinem Es ist sein Ich wachsamer, dessen Isolierungen schärfer. Es hat während seiner Denkarbeit zuviel abzuwehren, die Einmengung unbewußter Phantasien, die Äußerung der ambivalenten Strebungen. Es darf sich nicht gehenlassen, befindet sich fortwährend in Kampfbereitschaft. Diesen Zwang zur Konzentration und Isolierung unterstützt es dann durch die magischen Isolierungsaktionen, die als Symptome so auffällig und praktisch so bedeutsam werden, an sich natürlich nutzlos sind und den Charakter des Zeremoniells haben.

Indem es aber Assoziationen, Verbindung in Gedanken, zu verhindern sucht, befolgt es eines der ältesten und fundamentalsten Gebote der Zwangsneurose, das Tabu der *Berührung*. Wenn man sich die Frage vorlegt, warum die Vermeidung von Berührung, Kontakt, Ansteckung in der Neurose eine so große Rolle spielt und zum Inhalt so komplizierter Systeme gemacht wird, so findet man die Antwort, daß die Berührung, der körperliche Kontakt, das nächste Ziel sowohl der aggressiven wie der zärtlichen Objektbesetzung ist. Der Eros will die Berührung, denn er strebt nach Vereinigung, Aufhebung der Raumgrenzen zwischen Ich und geliebtem Objekt. Aber auch die Destruktion, die vor der Erfindung der Fernwaffe nur aus der Nähe erfolgen konnte, muß die körperliche Berührung, das Handanlegen voraussetzen. Eine Frau berühren ist im Sprachgebrauch ein Euphemismus für ihre Benützung als Sexualobjekt geworden. Das Glied nicht berühren ist der Wortlaut des Verbotes der autoerotischen Befriedigung. Da die Zwangsneurose zu Anfang die erotische Berührung, dann nach der Regression die als Aggression maskierte Berührung verfolgte, ist nichts anderes für sie in so hohem Grade verpönt worden, nichts so geeignet, zum Mittelpunkt eines Verbotsystems zu werden. Die Isolierung ist aber Aufhebung der Kontaktmöglichkeit, Mittel, ein Ding jeder Berührung zu entziehen, und wenn der Neurotiker auch einen Eindruck oder eine Tätigkeit durch eine Pause isoliert, gibt er uns symbolisch zu verstehen, daß er die Gedanken an sie nicht in assoziative Berührung mit anderen kommen lassen will.

So weit reichen unsere Untersuchungen über die Symptombildung. Es verlohnt sich kaum, sie zu resümieren, sie sind ergebnisarm und unvollständig geblieben, haben auch wenig gebracht, was nicht schon früher bekannt gewesen wäre. Die Symptombildung bei anderen Affektionen als bei den Phobien, der Konversionshysterie und der Zwangsneurose in Betracht zu ziehen wäre aussichtslos; es ist zu wenig darüber bekannt. Aber auch schon aus der Zusammenstellung dieser drei Neurosen erhebt sich ein schwerwiegendes, nicht mehr aufzuschiebendes Problem. Für alle drei ist die Zerstörung des Ödipus-Komplexes der Ausgang, in allen, nehmen wir an, die Kastrationsangst der Motor des Ichsträubens. Aber nur in den Phobien kommt solche Angst zum Vorschein, wird sie eingestanden. Was ist bei den zwei anderen Formen aus ihr geworden, wie hat das Ich sich solche Angst erspart? Das Problem verschärft sich noch, wenn wir an die vorhin erwähnte Möglichkeit denken, daß die Angst durch eine Art Vergärung aus der im Ablauf gestörten Libidobesetzung selbst hervorgeht, und weiters: steht es fest, daß die Kastrationsangst der einzige Motor der Verdrängung (oder Abwehr) ist? Wenn man an die Neurosen der Frauen denkt, muß man das bezweifeln, denn so sicher sich der Kastrationskomplex bei ihnen konstatieren läßt, von einer Kastrationsangst im richtigen Sinne kann man bei bereits vollzogener Kastration doch nicht sprechen.

Kapitel VII

Kehren wir zu den infantilen Tierphobien zurück, wir verstehen diese Fälle doch besser als alle anderen. Das Ich muß also hier gegen eine libidinöse Objektbesetzung des Es (die des positiven oder des negativen Ödipus-Komplexes) einschreiten, weil es verstanden hat, ihr nachzugeben brächte die Gefahr der Kastration mit sich. Wir haben das schon erörtert und finden noch Anlaß, uns einen Zweifel klarzumachen, der von dieser ersten Diskussion erübrigt ist. Sollen wir beim kleinen Hans (also im Falle des positiven Ödipus-Komplexes) annehmen, daß es die zärtliche Regung für die Mutter oder die aggressive gegen den Vater ist, welche die Abwehr des Ichs herausfordert? Praktisch schiene das gleichgültig, besonders da die beiden Regungen einander bedingen, aber ein theoretisches Interesse knüpft sich an die Frage, weil nur die zärtliche Strömung für die Mutter als eine rein erotische gelten kann. Die aggressive ist wesentlich vom Destruktionstrieb abhängig, und wir haben immer geglaubt, bei der Neurose wehre sich das Ich gegen Ansprüche der Libido, nicht der anderen Triebe. In der Tat sehen wir, daß nach der Bildung der Phobie die zärtliche Mutterbindung wie verschwunden ist, sie ist durch die Verdrängung gründlich erledigt worden, an der aggressiven Regung hat sich aber die Symptom- (Ersatz-) Bildung vollzogen. Im Falle des Wolfsmannes liegt es einfacher, die verdrängte Regung ist wirklich eine erotische, die feminine Einstellung zum Vater, und an ihr vollzieht sich auch die Symptombildung.

Es ist fast beschämend, daß wir nach so langer Arbeit noch immer Schwierigkeiten in der Auffassung der fundamentalsten Verhältnisse finden, aber wir haben uns vorgenommen, nichts zu vereinfachen und nichts zu verheimlichen. Wenn wir nicht klar sehen können, wollen wir wenigstens die Unklarheiten scharf sehen. Was uns hier im Wege steht, ist offenbar eine Unebenheit in der Entwicklung unserer Trieblehre. Wir hatten zuerst die Organisationen der Libido von der oralen über die sadistisch-anale zur genitalen Stufe verfolgt und dabei alle Komponenten des Sexualtriebs einander gleichstellt. Später erschien uns der Sadismus als der Vertreter eines andern, dem Eros gegensätzlichen Triebes. Die neue Auffassung von den zwei Triebgruppen scheint die frühere Konstruktion von sukzessiven Phasen der Libidoorganisation zu sprengen. Die hilfreiche Auskunft aus dieser Schwierigkeit brauchen wir aber nicht neu zu erfinden. Sie hat sich uns längst geboten und lautet, daß wir es kaum jemals mit reinen Triebregungen zu tun haben, sondern durchweg mit Legierungen beider Triebe in verschiedenen Mengenverhältnissen. Die sadistische Objektbesetzung hat also auch ein Anrecht, als eine libidinöse behandelt zu werden, die

Organisationen der Libido brauchen nicht revidiert zu werden, die aggressive Regung gegen den Vater kann mit demselben Anrecht Objekt der Verdrängung werden wie die zärtliche für die Mutter. Immerhin setzen wir als Stoff für spätere Überlegung die Möglichkeit beiseite, daß die Verdrängung ein Prozeß ist, der eine besondere Beziehung zur Genitalorganisation der Libido hat, daß das Ich zu anderen Methoden der Abwehr greift, wenn es sich der Libido auf anderen Stufen der Organisation zu erwehren hat, und setzen wir fort: Ein Fall wie der des kleinen Hans gestattet uns keine Entscheidung; hier wird zwar eine aggressive Regung durch Verdrängung erledigt, aber nachdem die Genitalorganisation bereits erreicht ist.

Wir wollen diesmal die Beziehung zur Angst nicht aus den Augen lassen. Wir sagten, sowie das Ich die Kastrationsgefahr erkannt hat, gibt es das Angstsignal und inhibiert mittels der Lust-Unlust-Instanz auf eine weiter nicht einsichtliche Weise den bedrohlichen Besetzungsvorgang im Es. Gleichzeitig vollzieht sich die Bildung der Phobie. Die Kastrationsangst erhält ein anderes Objekt und einen entstellten Ausdruck: vom Pferd gebissen (vom Wolf gefressen), anstatt vom Vater kastriert zu werden. Die Ersatzbildung hat zwei offenkundige Vorteile, erstens, daß sie einem Ambivalenzkonflikt ausweicht, denn der Vater ist ein gleichzeitig geliebtes Objekt, und zweitens, daß sie dem Ich gestattet, die Angstentwicklung einzustellen. Die Angst der Phobie ist nämlich eine fakultative, sie tritt nur auf, wenn ihr Objekt Gegenstand der Wahrnehmung wird. Das ist ganz korrekt; nur dann ist nämlich die Gefahrsituation vorhanden. Von einem abwesenden Vater braucht man auch die Kastration nicht zu befürchten. Nun kann man den Vater nicht wegschaffen, er zeigt sich immer, wann er will. Ist er aber durch das Tier ersetzt, so braucht man nur den Anblick, d. h. die Gegenwart des Tieres zu vermeiden, um frei von Gefahr und Angst zu sein. Der kleine Hans legt seinem Ich also eine Einschränkung auf, er produziert die Hemmung, nicht auszugehen, um nicht mit Pferden zusammenzutreffen. Der kleine Russe hat es noch bequemer, es ist kaum ein Verzicht für ihn, daß er ein gewisses Bilderbuch nicht mehr zur Hand nimmt. Wenn die schlimme Schwester ihm nicht immer wieder das Bild des aufrechtstehenden Wolfes in diesem Buch vor Augen halten würde, dürfte er sich vor seiner Angst gesichert fühlen.

Ich habe früher einmal der Phobie den Charakter einer Projektion zugeschrieben, indem sie eine innere Triebgefahr durch eine äußere Wahrnehmungsgefahr ersetzt. Das bringt den Vorteil, daß man sich gegen die äußere Gefahr durch Flucht und Vermeidung der Wahrnehmung schützen kann, während gegen die Gefahr von innen keine Flucht nützt. Meine Bemerkung ist nicht unrichtig, aber sie bleibt an der Oberfläche. Der Triebanspruch ist ja nicht an sich eine Gefahr, sondern nur darum, weil er eine richtige äußere Gefahr, die der Kastration, mit sich bringt. So ist im Grunde bei der Phobie doch nur eine äußere Gefahr durch eine andere ersetzt. Daß das Ich sich bei der Phobie durch eine Vermeidung oder ein Hemmungssymptom der Angst entziehen kann, stimmt sehr gut zur Auffassung, diese Angst sei nur ein Affektsignal und an der ökonomischen Situation sei nichts geändert worden.

Die Angst der Tierphobien ist also eine Affektreaktion des Ichs auf die Gefahr; die Gefahr, die hier signalisiert wird, die der Kastration. Kein anderer Unterschied von der Realangst, die das

Ich normalerweise in Gefahrsituationen äußert, als daß der Inhalt der Angst unbewußt bleibt und nur in einer Entstellung bewußt wird.

Dieselbe Auffassung wird sich uns, glaube ich, auch für die Phobien Erwachsener giltig erweisen, wenngleich das Material, das die Neurose verarbeitet, hier sehr viel reichhaltiger ist und einige Momente zur Symptombildung hinzukommen. Im Grunde ist es das nämliche. Der Agoraphobe legt seinem Ich eine Beschränkung auf, um einer Triebgefahr zu entgehen. Die Triebgefahr ist die Versuchung, seinen erotischen Gelüsten nachzugeben, wodurch er wieder wie in der Kindheit die Gefahr der Kastration, oder eine ihr analoge, heraufbeschwören würde. Als einfaches Beispiel führe ich den Fall eines jungen Mannes an, der agoraphob wurde, weil er befürchtete, den Lockungen von Prostituierten nachzugeben und sich zur Strafe Syphilis zu holen.

Ich weiß wohl, daß viele Fälle eine kompliziertere Struktur zeigen und daß viele andere verdrängte Triebregungen in die Phobie einmünden können, aber diese sind nur auxiliär und haben sich meist nachträglich mit dem Kern der Neurose in Verbindung gesetzt. Die Symptomatik der Agoraphobie wird dadurch kompliziert, daß das Ich sich nicht damit begnügt, auf etwas zu verzichten; es tut noch etwas hinzu, um der Situation ihre Gefahr zu benehmen. Diese Zutat ist gewöhnlich eine zeitliche Regression in die Kinderjahre (im extremen Fall bis in den Mutterleib, in Zeiten, in denen man gegen die heute drohenden Gefahren geschützt war) und tritt als die Bedingung auf, unter der der Verzicht unterbleiben kann. So kann der Agoraphobe auf die Straße gehen, wenn er wie ein kleines Kind von einer Person seines Vertrauens begleitet wird. Dieselbe Rücksicht mag ihm auch gestatten, allein auszugehen, wenn er sich nur nicht über eine bestimmte Strecke von seinem Haus entfernt, nicht in Gegenden geht, die er nicht gut kennt und wo er den Leuten nicht bekannt ist. In der Auswahl dieser Bestimmungen zeigt sich der Einfluß der infantilen Momente, die ihn durch seine Neurose beherrschen. Ganz eindeutig, auch ohne solche infantile Regression, ist die Phobie vor dem Alleinsein, die im Grunde der Versuchung zur einsamen Onanie ausweichen will. Die Bedingung dieser infantilen Regression ist natürlich die zeitliche Entfernung von der Kindheit.

Die Phobie stellt sich in der Regel her, nachdem unter gewissen Umständen – auf der Straße, auf der Eisenbahn, im Alleinsein – ein erster Angstanfall erlebt worden ist. Dann ist die Angst gebannt, tritt aber jedesmal wieder auf, wenn die schützende Bedingung nicht eingehalten werden kann. Der Mechanismus der Phobie tut als Abwehrmittel gute Dienste und zeigt eine große Neigung zur Stabilität. Eine Fortsetzung des Abwehrkampfes, der sich jetzt gegen das Symptom richtet, tritt häufig, aber nicht notwendig, ein.

Was wir über die Angst bei den Phobien erfahren haben, bleibt noch für die Zwangsneurose verwertbar. Es ist nicht schwierig, die Situation der Zwangsneurose auf die der Phobie zu reduzieren. Der Motor aller späteren Symptombildung ist hier offenbar die Angst des Ichs vor seinem Über-Ich. Die Feindseligkeit des Über-Ichs ist die Gefahrsituation, der sich das Ich entziehen muß. Hier fehlt jeder Anschein einer Projektion, die Gefahr ist durchaus verinnerlicht. Aber wenn wir uns fragen, was das Ich von Seiten des Über-Ichs befürchtet, so drängt sich die Auffassung auf, daß die Strafe des Über-Ichs eine Fortbildung der Kastrationsstrafe ist. Wie das Über-Ich der unpersönlich gewordene Vater ist, so hat sich die Angst vor der durch ihn drohenden Kastration zur unbestimmten sozialen oder Gewissensangst umgewandelt. Aber diese Angst ist gedeckt, das Ich entzieht sich ihr, indem es die ihm auferlegten Gebote, Vorschriften und Bußhandlungen gehorsam ausführt. Wenn es daran gehindert wird, dann tritt sofort ein äußerst peinliches Unbehagen auf, in dem wir das Äquivalent der Angst erblicken dürfen, das die Kranken selbst der Angst gleichstellen. Unser Ergebnis lautet also: Die Angst ist die Reaktion auf die Gefahrsituation; sie wird dadurch erspart, daß das Ich etwas tut, um die Situation zu vermeiden oder sich ihr zu entziehen. Man könnte nun sagen, die Symptome werden geschaffen, um die Angstentwicklung zu vermeiden, aber das läßt nicht tief blicken. Es ist richtiger zu sagen, die Symptome werden geschaffen, um die *Gefahrsituation* zu vermeiden, die durch die Angstentwicklung signalisiert wird. Diese Gefahr war aber in den bisher betrachteten Fällen die Kastration oder etwas von ihr Abgeleitetes.

Wenn die Angst die Reaktion des Ichs auf die Gefahr ist, so liegt es nahe, die traumatische Neurose, welche sich so häufig an überstandene Lebensgefahr anschließt, als direkte Folge der Lebens- oder Todesangst mit Beiseitesetzung der Abhängigkeiten des Ichs und der Kastration aufzufassen. Das ist auch von den meisten Beobachtern der traumatischen Neurosen des letzten Krieges geschehen, und es ist triumphierend verkündet worden, nun sei der Beweis erbracht, daß eine Gefährdung des Selbsterhaltungstriebes eine Neurose erzeugen könne ohne jede Beteiligung der Sexualität und ohne Rücksicht auf die komplizierten Annahmen der Psychoanalyse. Es ist in der Tat außerordentlich zu bedauern, daß nicht eine einzige verwertbare Analyse einer traumatischen Neurose vorliegt. Nicht wegen des Widerspruches gegen die ätiologische Bedeutung der Sexualität, denn dieser ist längst durch die Einführung des Narzißmus aufgehoben worden, der die libidinöse Besetzung des Ichs in eine Reihe mit den Objektbesetzungen bringt und die libidinöse Natur des Selbsterhaltungstriebes betont, sondern weil wir durch den Ausfall dieser Analysen die kostbarste Gelegenheit zu entscheidenden Aufschlüssen über das Verhältnis zwischen Angst und Symptombildung versäumt haben. Es ist nach allem, was wir von der Struktur der simpleren Neurosen des täglichen Lebens wissen, sehr unwahrscheinlich, daß eine Neurose nur durch die objektive Tatsache der Gefährdung ohne Beteiligung der tieferen unbewußten Schichten des seelischen Apparats zustande kommen sollte. Im Unbewußten ist aber nichts vorhanden, was unserem Begriff der Lebensvernichtung Inhalt geben kann. Die Kastration wird sozusagen vorstellbar durch die tägliche Erfahrung der Trennung vom Darminhalt und durch den bei der Entwöhnung erlebten Verlust der mütterlichen Brust; etwas dem Tod Ähnliches ist aber nie erlebt worden oder hat wie die Ohnmacht keine nachweisbare Spur hinterlassen. Ich halte darum an der Vermutung fest, daß die Todesangst als Analogon der Kastrationsangst aufzufassen ist und daß die Situation, auf welche das Ich reagiert, das Verlassensein vom schützenden Über-Ich – den Schicksalsmächten – ist, womit die Sicherung gegen alle Gefahren ein Ende hat. Außerdem kommt in Betracht, daß bei den Erlebnissen, die zur traumatischen Neurose führen, äußerer Reizschutz durchbrochen wird und übergroße Erregungsmengen an den seelischen Apparat herantreten, so daß hier die zweite Möglichkeit vorliegt, daß Angst nicht nur als Affekt signalisiert, sondern auch aus den ökonomischen Bedingungen der Situation neu erzeugt wird.

Durch die letzte Bemerkung, das Ich sei durch regelmäßig wiederholte Objektverluste auf die Kastration vorbereitet worden, haben wir eine neue Auffassung der Angst gewonnen. Betrachteten wir sie bisher als Affektsignal der Gefahr, so erscheint sie uns nun, da es sich so oft um die Gefahr der Kastration handelt, als die Reaktion auf einen Verlust, eine Trennung. Mag auch mancherlei, was sich sofort ergibt, gegen diesen Schluß sprechen, so muß uns doch eine sehr merkwürdige Übereinstimmung auffallen. Das erste Angsterlebnis des Menschen wenigstens ist die Geburt, und diese bedeutet objektiv die Trennung von der Mutter, könnte einer Kastration der Mutter (nach der Gleichung Kind = Penis) verglichen werden. Nun wäre es sehr befriedigend, wenn die Angst als Symbol einer Trennung bei jeder späteren Trennung wiederholt würde, aber leider steht einer Verwertung dieses Zusammenstimmens im Wege, daß ja die Geburt subjektiv nicht als Trennung von der Mutter erlebt wird, da diese als Objekt dem durchaus narzißtischen Fötus völlig unbekannt ist. Ein anderes Bedenken wird lauten, daß uns die Affektreaktionen auf eine Trennung bekannt sind und daß wir sie als Schmerz und Trauer, nicht als Angst empfinden. Allerdings erinnern wir uns, wir haben bei der Diskussion der Trauer auch nicht verstehen können, warum sie so schmerzhaft ist.

Kapitel VIII

Es ist Zeit, sich zu besinnen. Wir suchen offenbar nach einer Einsicht, die uns das Wesen der Angst erschließt, nach einem Entweder-Oder, das die Wahrheit über sie vom Irrtum scheidet. Aber das ist schwer zu haben, die Angst ist nicht einfach zu erfassen. Bisher haben wir nichts erreicht als Widersprüche, zwischen denen ohne Vorurteil keine Wahl möglich war. Ich schlage jetzt vor, es anders zu machen; wir wollen unparteiisch alles zusammentragen, was wir von der Angst aussagen können, und dabei auf die Erwartung einer neuen Synthese verzichten.

Die Angst ist also in erster Linie etwas Empfundenes. Wir heißen sie einen Affektzustand, obwohl wir auch nicht wissen, was ein Affekt ist. Sie hat als Empfindung offenbarsten Unlustcharakter, aber das erschöpft nicht ihre Qualität; nicht jede Unlust können wir Angst heißen. Es gibt andere Empfindungen mit Unlustcharakter (Spannungen, Schmerz, Trauer), und die Angst muß außer dieser Unlustqualität andere Besonderheiten haben. Eine Frage: Werden wir es dazu bringen, die Unterschiede zwischen diesen verschiedenen Unlustaffekten zu verstehen?

Aus der Empfindung der Angst können wir immerhin etwas entnehmen. Ihr Unlustcharakter scheint eine besondere Note zu haben; das ist schwer zu beweisen, aber wahrscheinlich; es wäre nichts Auffälliges. Aber außer diesem schwer isolierbaren Eigencharakter nehmen wir an der Angst bestimmtere körperliche Sensationen wahr, die wir auf bestimmte Organe beziehen. Da uns die Physiologie der Angst hier nicht interessiert, genügt es uns, einzelne Repräsentanten dieser

Sensationen hervorzuheben, also die häufigsten und deutlichsten an den Atmungsorganen und am Herzen. Sie sind uns Beweise dafür, daß motorische Innervationen, also Abfuhrvorgänge an dem Ganzen der Angst Anteil haben. Die Analyse des Angstzustandes ergibt also 1) einen spezifischen Unlustcharakter, 2) Abfuhraktionen, 3) Wahrnehmungen derselben. Die Punkte 2 und 3 ergeben uns bereits einen Unterschied gegen die ähnlichen Zustände, z. B. der Trauer und des Schmerzes. Bei diesen gehören die motorischen Äußerungen nicht dazu; wo sie vorhanden sind, sondern sie sich deutlich nicht als Bestandteile des Ganzen, sondern als Konsequenzen oder Reaktionen darauf. Die Angst ist also ein besonderer Unlustzustand mit Abfuhraktionen auf bestimmte Bahnen. Nach unseren allgemeinen Anschauungen werden wir glauben, daß der Angst eine Steigerung der Erregung zugrunde liegt, die einerseits den Unlustcharakter schafft, anderseits sie durch die genannten Abfuhren erleichtert. Diese rein physiologische Zusammenfassung wird uns aber kaum genügen; wir sind versucht anzunehmen, daß ein historisches Moment da ist, welches die Sensationen und Innervationen der Angst fest aneinanderbindet. Mit anderen Worten, daß der Angstzustand die Reproduktion eines Erlebnisses ist, das die Bedingungen einer solchen Reizsteigerung und der Abfuhr auf bestimmte Bahnen enthielt, wodurch also die Unlust der Angst ihren spezifischen Charakter erhält. Als solches vorbildliches Erlebnis bietet sich uns für den Menschen die Geburt, und darum sind wir geneigt, im Angstzustand eine Reproduktion des Geburtstraumas zu sehen.

Wir haben damit nichts behauptet, was der Angst eine Ausnahmsstellung unter den Affektzuständen einräumen würde. Wir meinen, auch die anderen Affekte sind Reproduktionen alter, lebenswichtiger, eventuell vorindividueller Ereignisse, und wir bringen sie als allgemeine, typische, mitgeborene hysterische Anfälle in Vergleich mit den spät und individuell erworbenen Attacken der hysterischen Neurose, deren Genese und Bedeutung als Erinnerungssymbole uns durch die Analyse deutlich geworden ist. Natürlich wäre es sehr wünschenswert, diese Auffassung für eine Reihe anderer Affekte beweisend durchführen zu können, wovon wir heute weit entfernt sind.

Die Zurückführung der Angst auf das Geburtsereignis hat sich gegen naheliegende Einwände zu verteidigen. Die Angst ist eine wahrscheinlich allen Organismen, jedenfalls allen höheren zukommende Reaktion, die Geburt wird nur von den Säugetieren erlebt, und es ist fraglich, ob sie bei allen diesen die Bedeutung eines Traumas hat. Es gibt also Angst ohne Geburtsvorbild. Aber dieser Einwand setzt sich über die Schranken zwischen Biologie und Psychologie hinaus. Gerade weil die Angst eine biologisch unentbehrliche Funktion zu erfüllen hat, als Reaktion auf den Zustand der Gefahr, mag sie bei verschiedenen Lebewesen auf verschiedene Art eingerichtet worden sein. Wir wissen auch nicht, ob sie bei dem Menschen fernerstehenden Lebewesen denselben Inhalt an Sensationen und Innervationen hat wie beim Menschen. Das hindert also nicht, daß die Angst beim Menschen den Geburtsvorgang zum Vorbild nimmt.

Wenn dies die Struktur und die Herkunft der Angst ist, so lautet die weitere Frage: Was ist ihre Funktion? Bei welchen Gelegenheiten wird sie reproduziert? Die Antwort scheint naheliegend und zwingend zu sein. Die Angst entstand als Reaktion auf einen Zustand der *Gefahr*, sie wird nun regelmäßig reproduziert, wenn sich ein solcher Zustand wieder einstellt.

Dazu ist aber einiges zu bemerken. Die Innervationen des ursprünglichen Angstzustandes waren wahrscheinlich auch sinnvoll und zweckmäßig, ganz so wie die Muskelaktionen des ersten hysterischen Anfalls. Wenn man den hysterischen Anfall erklären will, braucht man ja nur die Situation zu suchen, in der die betreffenden Bewegungen Anteile einer berechtigten Handlung waren. So hat wahrscheinlich während der Geburt die Richtung der Innervation auf die Atmungsorgane die Tätigkeit der Lungen vorbereitet, die Beschleunigung des Herzschlags gegen die Vergiftung des Blutes arbeiten wollen. Diese Zweckmäßigkeit entfällt natürlich bei der späteren Reproduktion des Angstzustandes als Affekt, wie sie auch beim wiederholten hysterischen Anfall vermißt wird. Wenn also das Individuum in eine neue Gefahrsituation gerät, so kann es leicht unzweckmäßig werden, daß es mit dem Angstzustand, der Reaktion auf eine frühere Gefahr, antwortet, anstatt die der jetzigen adäquate Reaktion einzuschlagen. Die Zweckmäßigkeit tritt aber wieder hervor, wenn die Gefahrsituation als herannahend erkannt und durch den Angstausbruch signalisiert wird. Die Angst kann dann sofort durch geeignetere Maßnahmen abgelöst werden. Es sondern sich also sofort zwei Möglichkeiten des Auftretens der Angst: die eine, unzweckmäßige, in einer neuen Gefahrsituation, die andere, zweckmäßige, zur Signalisierung und Verhütung einer solchen.

Was aber ist eine „Gefahr“? Im Geburtsakt besteht eine objektive Gefahr für die Erhaltung des Lebens, wir wissen, was das in der Realität bedeutet. Aber psychologisch sagt es uns gar nichts. Die Gefahr der Geburt hat noch keinen psychischen Inhalt. Sicherlich dürfen wir beim Fötus nichts voraussetzen, was sich irgendwie einer Art von Wissen um die Möglichkeit eines Ausgangs in Lebensvernichtung annähert. Der Fötus kann nichts anderes bemerken als eine großartige Störung in der Ökonomie seiner narzißtischen Libido. Große Erregungssummen dringen zu ihm, erzeugen neuartige Unlustempfindungen, manche Organe erzwingen sich erhöhte Besetzungen, was wie ein Vorspiel der bald beginnenden Objektbesetzung ist; was davon wird als Merkzeichen einer „Gefahrsituation“ Verwertung finden?

Wir wissen leider viel zu wenig von der seelischen Verfassung des Neugeborenen, um diese Frage direkt zu beantworten. Ich kann nicht einmal für die Brauchbarkeit der eben gegebenen Schilderung einstehen. Es ist leicht zu sagen, das Neugeborene werde den Angstaffekt in allen Situationen wiederholen, die es an das Geburtsereignis erinnert. Der entscheidende Punkt bleibt aber, wodurch und woran es erinnert wird.

Es bleibt uns kaum etwas anderes übrig, als die Anlässe zu studieren, bei denen der Säugling oder das ein wenig ältere Kind sich zur Angstentwicklung bereit zeigt. Rank hat in seinem Buch *Das Trauma der Geburt* (1924) einen sehr energischen Versuch gemacht, die Beziehungen der frühesten Phobien des

Kindes zum Eindruck des Geburtsereignisses zu erweisen, allein ich kann ihn nicht für geglückt halten. Man kann ihm zweierlei vorwerfen: Erstens, daß er auf der Voraussetzung beruht, das Kind habe bestimmte Sinneseindrücke, insbesondere visueller Natur, bei seiner Geburt empfangen, deren Erneuerung die Erinnerung an das Geburtstrauma und somit die Angstreaktion hervorrufen kann. Diese Annahme ist völlig unbewiesen und sehr unwahrscheinlich; es ist nicht glaubhaft, daß das Kind andere als taktile und Allgemeinsensationen vom Geburtsvorgang bewahrt hat. Wenn es also später Angst vor kleinen Tieren zeigt, die in Löchern verschwinden oder aus diesen herauskommen, so erklärt Rank diese Reaktion durch die Wahrnehmung einer Analogie, die aber dem Kinde nicht auffällig werden kann. Zweitens, daß Rank in der Würdigung dieser späteren Angstsituationen je nach Bedürfnis die Erinnerung an die glückliche intrauterine Existenz oder an deren traumatische Störung wirksam werden läßt, womit der Willkür in der Deutung Tür und Tor geöffnet wird. Einzelne Fälle dieser Kinderangst widersetzen sich direkt der Anwendung des Rankschen Prinzips. Wenn das Kind in Dunkelheit und Einsamkeit gebracht wird, so sollten wir erwarten, daß es diese Wiederherstellung der intrauterinen Situation mit Befriedigung aufnimmt, und wenn die Tatsache, daß es gerade dann mit Angst reagiert, auf die Erinnerung an die Störung dieses Glücks durch die Geburt zurückgeführt wird, so kann man das Gezwungene dieses Erklärungsversuches nicht länger verkennen.

Ich muß den Schluß ziehen, daß die frühesten Kindheitsphobien eine direkte Rückführung auf den Eindruck des Geburtsaktes nicht zulassen und sich überhaupt bis jetzt der

Erklärung entzogen haben. Eine gewisse Angstbereitschaft des Säuglings ist unverkennbar. Sie ist nicht etwa unmittelbar nach der Geburt am stärksten, um dann langsam abzunehmen, sondern tritt erst später mit dem Fortschritt der seelischen Entwicklung hervor und hält über eine gewisse Periode der Kinderzeit an. Wenn sich solche Frühphobien über diese Zeit hinaus erstrecken, erwecken sie den Verdacht einer neurotischen Störung, wiewohl uns ihre Beziehung zu den späteren deutlichen Neurosen der Kindheit keineswegs einsichtlich ist.

Nur wenige Fälle der kindlichen Angstäußerung sind uns verständlich; an diese werden wir uns halten müssen. So, wenn das Kind allein, in der Dunkelheit, ist und wenn es eine fremde Person an Stelle der ihm vertrauten (der Mutter) findet. Diese drei Fälle reduzieren sich auf eine einzige Bedingung, das Vermissen der geliebten (ersehnten) Person. Von da an ist aber der Weg zum Verständnis der Angst und zur Vereinigung der Widersprüche, die sich an sie zu knüpfen scheinen, frei.

Das Erinnerungsbild der ersehnten Person wird gewiß intensiv, wahrscheinlich zunächst halluzinatorisch besetzt. Aber das hat keinen Erfolg, und nun hat es den Anschein, als ob diese Sehnsucht in Angst umschlüge. Es macht geradezu den Eindruck, als wäre diese Angst ein Ausdruck der Ratlosigkeit, als wüßte das noch sehr unentwickelte Wesen mit dieser sehnsüchtigen Besetzung nichts Besseres anzufangen. Die Angst erscheint so als Reaktion auf das Vermissen des Objekts, und es drängen sich uns die Analogien auf, daß auch die Kastrationsangst die Trennung von einem hochgeschätzten Objekt zum Inhalt hat und daß die ursprünglichste Angst (die

„*Urangst*“ der Geburt) bei der Trennung von der Mutter entstand.

Die nächste Überlegung führt über diese Betonung des Objektverlustes hinaus. Wenn der Säugling nach der Wahrnehmung der Mutter verlangt, so doch nur darum, weil er bereits aus Erfahrung weiß, daß sie alle seine Bedürfnisse ohne Verzug befriedigt. Die Situation, die er als “Gefahr“ wertet, gegen die er versichert sein will, ist also die der Unbefriedigung, des *Anwachsens der Bedürfnisspannung*, gegen die er ohnmächtig ist. Ich meine, von diesem Gesichtspunkt aus ordnet sich alles ein; die Situation der Unbefriedigung, in der Reizgrößen eine unlustvolle Höhe erreichen, ohne Bewältigung durch psychische Verwendung und Abfuhr zu finden, muß für den Säugling die Analogie mit dem Geburtserlebnis, die Wiederholung der Gefahrsituation sein; das beiden Gemeinsame ist die ökonomische Störung durch das Anwachsen der Erledigung heischenden Reizgrößen, dieses Moment also der eigentliche Kern der „Gefahr“. In beiden Fällen tritt die Angstreaktion auf, die sich auch noch beim Säugling als zweckmäßig erweist, indem die Richtung der Abfuhr auf Atem- und Stimmuskulatur nun die Mutter herbeiruft, wie sie früher die Lungentätigkeit zur Wegschaffung der inneren Reize anregte. Mehr als diese Kennzeichnung der Gefahr braucht das Kind von seiner Geburt nicht bewahrt zu haben.

Mit der Erfahrung, daß ein äußeres, durch Wahrnehmung erfaßbares Objekt der an die Geburt mahnenden gefährlichen Situation ein Ende machen kann, verschiebt sich nun der Inhalt der Gefahr von der ökonomischen Situation auf seine Bedingung, den Objektverlust. Das Vermissen der Mutter wird nun die

Gefahr, bei deren Eintritt der Säugling das Angstsignal gibt, noch ehe die gefürchtete ökonomische Situation eingetreten ist. Diese Wandlung bedeutet einen ersten großen Fortschritt in der Fürsorge für die Selbsterhaltung, sie schließt gleichzeitig den Übergang von der automatisch ungewollten Neuentstehung der Angst zu ihrer beabsichtigten Reproduktion als Signal der Gefahr ein.

In beiden Hinsichten, sowohl als automatisches Phänomen wie als rettendes Signal, zeigt sich die Angst als Produkt der psychischen Hilflosigkeit des Säuglings, welche das selbstverständliche Gegenstück seiner biologischen Hilflosigkeit ist. Das auffällige Zusammentreffen, daß sowohl die Geburtsangst wie die Säuglingsangst die Bedingung der Trennung von der Mutter anerkennt, bedarf keiner psychologischen Deutung; es erklärt sich biologisch einfach genug aus der Tatsache, daß die Mutter, die zuerst alle Bedürfnisse des Fötus durch die Einrichtungen ihres Leibes beschwichtigt hatte, dieselbe Funktion zum Teil mit anderen Mitteln auch nach der Geburt fortsetzt. Intrauterinleben und erste Kindheit sind weit mehr ein Kontinuum, als uns die auffällige Caesur des Geburtsaktes glauben läßt. Das psychische Mutterobjekt ersetzt dem Kinde die biologische Fötalsituation. Wir dürfen darum nicht vergessen, daß im Intrauterinleben die Mutter kein Objekt war und daß es damals keine Objekte gab.

Es ist leicht zu sehen, daß es in diesem Zusammenhange keinen Raum für ein Abreagieren des Geburtstraumas gibt und daß eine andere Funktion der Angst als die eines Signals zur Vermeidung der Gefahrsituation nicht aufzufinden ist. Die Angstbedingung des Objektverlustes trägt nun noch ein ganzes

Stück weiter. Auch die nächste Wandlung der Angst, die in der phallischen Phase auftretende Kastrationsangst, ist eine Trennungsangst und an dieselbe Bedingung gebunden. Die Gefahr ist hier die Trennung von dem Genitale. Ein vollberechtigt scheinender Gedankengang von Ferenczi läßt uns hier die Linie des Zusammenhanges mit den früheren Inhalten der Gefahrsituation deutlich erkennen. Die hohe narzißtische Einschätzung des Penis kann sich darauf berufen, daß der Besitz dieses Organs die Gewähr für eine Wiedervereinigung mit der Mutter (dem Mutterersatz) im Akt des Koitus enthält. Die Beraubung dieses Gliedes ist soviel wie eine neuerliche Trennung von der Mutter, bedeutet also wiederum, einer unlustvollen Bedürfnisspannung (wie bei der Geburt) hilflos ausgeliefert zu sein. Das Bedürfnis, dessen Ansteigen gefürchtet wird, ist aber nun ein spezialisiertes, das der genitalen Libido, nicht mehr ein beliebiges wie in der Säuglingszeit. Ich füge hier an, daß die Phantasie der Rückkehr in den Mutterleib der Koitusersatz des Impotenten (durch die Kastrationsdrohung Gehemmten) ist. Im Sinne Ferenczis kann man sagen, das Individuum, das sich zur Rückkehr in den Mutterleib durch sein Genitalorgan vertreten lassen wollte, ersetzt nun regressiv dies Organ durch seine ganze Person.

Die Fortschritte in der Entwicklung des Kindes, die Zunahme seiner Unabhängigkeit, die schärfere Sonderung seines seelischen Apparats in mehrere Instanzen, das Auftreten neuer Bedürfnisse können nicht ohne Einfluß auf den Inhalt der Gefahrsituation bleiben. Wir haben dessen Wandlung vom Verlust des Mutterobjekts zur Kastration verfolgt und sehen den nächsten Schritt durch die Macht des Über-Ichs verursacht. Mit dem Unpersönlichwerden der Elterninstanz, von der man die Kastration befürchtete, wird die Gefahr unbestimmter. Die Kastrationsangst entwickelt sich zur Gewissensangst, zur sozialen Angst. Es ist jetzt nicht mehr so leicht anzugeben, was die Angst befürchtet. Die Formel: „Trennung, Ausschluß aus der Horde", trifft nur jenen späteren Anteil des Über-Ichs, der sich in Anlehnung an soziale Vorbilder entwickelt hat, nicht den Kern des Über-Ichs, der der introjizierten Elterninstanz entspricht. Allgemeiner ausgedrückt, ist es der Zorn, die Strafe des Über-Ichs, der Liebesverlust von dessen Seite, den das Ich als Gefahr wertet und mit dem Angstsignal beantwortet. Als letzte Wandlung dieser Angst vor dem Über-Ich ist mir die Todes- (Lebens-) Angst, die Angst vor der Projektion des Über-Ichs in den Schicksalsmächten erschienen.

Ich habe früher einmal einen gewissen Wert auf die Darstellung gelegt, daß es die bei der Verdrängung abgezogene Besetzung ist, welche die Verwendung als Angstabfuhr erfährt. Das erscheint mir nun heute kaum wissenswert. Der Unterschied liegt darin, daß ich vormals die Angst in jedem Falle durch einen ökonomischen Vorgang automatisch entstanden glaubte, während die jetzige Auffassung der Angst als eines vom Ich beabsichtigten Signals zum Zweck der Beeinflussung der Lust-Unlust-Instanz uns von diesem ökonomischen Zwange unabhängig macht. Es ist natürlich nichts gegen die Annahme zu sagen, daß das Ich gerade die durch die Abziehung bei der Verdrängung frei gewordene Energie zur Erweckung des Affekts verwendet, aber es ist bedeutungslos geworden, mit welchem Anteil Energie dies geschieht.

Ein anderer Satz, den ich einmal ausgesprochen, verlangt nun nach Überprüfung im Lichte unserer neuen Auffassung. Es ist die Behauptung, das Ich sei die eigentliche Angststätte; ich meine, sie wird sich als zutreffend erweisen. Wir haben nämlich keinen Anlaß, dem Über-Ich irgendeine Angstäußerung zuzuteilen. Wenn aber von einer „Angst des Es" die Rede ist, so hat man nicht zu widersprechen, sondern einen ungeschickten Ausdruck zu korrigieren. Die Angst ist ein Affektzustand, der natürlich nur vom Ich verspürt werden kann. Das Es kann nicht Angst haben wie das Ich, es ist keine Organisation, kann Gefahrsituationen nicht beurteilen. Dagegen ist es ein überaus häufiges Vorkommnis, daß sich im Es Vorgänge vorbereiten oder vollziehen, die dem Ich Anlaß zur Angstentwicklung geben; in der Tat sind die wahrscheinlich frühesten Verdrängungen, wie die Mehrzahl aller späteren, durch solche Angst des Ichs vor einzelnen Vorgängen im Es motiviert. Wir unterscheiden hier wiederum mit gutem Grund die beiden Fälle, daß sich im Es etwas ereignet, was eine der Gefahrsituationen fürs Ich aktiviert und es somit bewegt, zur Inhibition das Angstsignal zu geben, und den anderen Fall, daß sich im Es die dem Geburtstrauma analoge Situation herstellt, in der es automatisch zur Angstreaktion kommt. Man bringt die beiden Fälle einander näher, wenn man hervorhebt, daß der zweite der ersten und ursprünglichen Gefahrsituation entspricht, der erste aber einer der später aus ihr abgeleiteten Angstbedingungen. Oder auf die wirklich vorkommenden Affektionen bezogen: daß der zweite Fall in der Ätiologie der Aktualneurosen verwirklicht ist, der erste für die der Psychoneurosen charakteristisch bleibt.

Wir sehen nun, daß wir frühere Ermittlungen nicht zu entwerten, sondern bloß mit den neueren Einsichten in Verbindung zu bringen brauchen. Es ist nicht abzuweisen, daß bei Abstinenz, mißbräuchlicher Störung im Ablauf der Sexualerregung, Ablenkung derselben von ihrer psychischen Verarbeitung, direkt Angst aus Libido entsteht, d. h. jener Zustand von Hilflosigkeit des Ichs gegen eine übergroße Bedürfnisspannung hergestellt wird, der wie bei der Geburt in Angstentwicklung ausgeht, wobei es wieder eine gleichgültige, aber naheliegende Möglichkeit ist, daß gerade der Überschuß an unverwendeter Libido seine Abfuhr in der Angstentwicklung findet. Wir sehen, daß sich auf dem Boden dieser Aktualneurosen besonders leicht Psychoneurosen entwickeln, d. h. wohl, daß das Ich Versuche macht, die Angst, die es eine Weile suspendiert zu erhalten gelernt hat, zu ersparen und durch Symptombildung zu binden. Wahrscheinlich würde die Analyse der traumatischen Kriegsneurosen, welcher Name allerdings sehr verschiedenartige Affektionen umfaßt, ergeben haben, daß eine Anzahl von ihnen an den Charakteren der Aktualneurosen Anteil hat.

Als wir die Entwicklung der verschiedenen Gefahrsituationen aus dem ursprünglichen Geburtsvorbild darstellten, lag es uns ferne zu behaupten, daß jede spätere Angstbedingung die frühere einfach außer Kraft setzt. Die Fortschritte der Ichentwicklung tragen allerdings dazu bei, die frühere Gefahrsituation zu entwerten und beiseite zu schieben, so daß man sagen kann, einem bestimmten Entwicklungsalter sei eine gewisse Angstbedingung wie adäquat zugeteilt. Die Gefahr der psychischen Hilflosigkeit paßt zur Lebenszeit der Unreife des

Ichs, wie die Gefahr des Objektverlustes zur Unselbständigkeit der ersten Kinderjahre, die Kastrationsgefahr zur phallischen Phase, die Über-Ichangst zur Latenzzeit. Aber es können doch alle diese Gefahrsituationen und Angstbedingungen nebeneinander fortbestehen bleiben und das Ich auch zu späteren als den adäquaten Zeiten zur Angstreaktion veranlassen, oder es können mehrere von ihnen gleichzeitig in Wirksamkeit treten. Möglicherweise bestehen auch engere Beziehungen zwischen der wirksamen Gefahrsituation und der Form der auf sie folgenden Neurose.

Als wir in einem früheren Stück dieser Untersuchungen auf die Bedeutung der Kastrationsgefahr bei mehr als einer neurotischen Affektion stießen, erteilten wir uns die Mahnung, dies Moment doch nicht zu überschätzen, da es bei dem gewiß mehr zur Neurose disponierten weiblichen Geschlecht doch nicht ausschlaggebend sein könnte. Wir sehen jetzt, daß wir nicht in Gefahr sind, die Kastrationsangst für den einzigen Motor der zur Neurose führenden Abwehrvorgänge zu erklären. Ich habe an anderer Stelle auseinandergesetzt, wie die Entwicklung des kleinen Mädchens durch den Kastrationskomplex zur zärtlichen Objektbesetzung gelenkt wird. Gerade beim Weibe scheint die Gefahrsituation des Objektverlustes die wirksamste geblieben zu sein. Wir dürfen an ihrer Angstbedingung die kleine Modifikation anbringen, daß es sich nicht mehr um das Vermissen oder den realen Verlust des Objekts handelt, sondern um den Liebesverlust von Seiten des Objekts. Da es sicher steht, daß die Hysterie eine größere Affinität zur Weiblichkeit hat, ebenso wie die Zwangsneurose zur Männlichkeit, so liegt die Vermutung nahe, die

Angstbedingung des Liebesverlustes spiele bei Hysterie eine ähnliche Rolle wie die Kastrationsdrohung bei den Phobien, die Über-Ichangst bei der Zwangsneurose.

Kapitel IX

Was jetzt erübrigt, ist die Behandlung der Beziehungen zwischen Symptombildung und Angstentwicklung.

Zwei Meinungen darüber scheinen weit verbreitet zu sein. Die eine nennt die Angst selbst ein Symptom der Neurose, die andere glaubt an ein weit innigeres Verhältnis zwischen beiden. Ihr zufolge würde alle Symptombildung nur unternommen werden, um der Angst zu entgehen; die Symptome binden die psychische Energie, die sonst als Angst abgeführt würde, so daß die Angst das Grundphänomen und Hauptproblem der Neurose wäre.

Die zumindest partielle Berechtigung der zweiten Behauptung läßt sich durch schlagende Beispiele erweisen. Wenn man einen Agoraphoben, den man auf die Straße begleitet hat, dort sich selbst überläßt, produziert er einen Angstanfall; wenn man einen Zwangsneurotiker daran hindern läßt, sich nach einer Berührung die Hände zu waschen, wird er die Beute einer fast unerträglichen Angst. Es ist also klar, die Bedingung des Begleitetwerdens und die Zwangshandlung des Waschens hatten die Absicht und auch den Erfolg, solche Angstausbrüche zu verhüten. In diesem Sinne kann auch jede Hemmung, die sich das Ich auferlegt, Symptom genannt werden.

Da wir die Angstentwicklung auf die Gefahrsituation zurückgeführt haben, werden wir es vorziehen zu sagen, die

Symptome werden geschaffen, um das Ich der Gefahrsituation zu entziehen. Wird die Symptombildung verhindert, so tritt die Gefahr wirklich ein, d. h. es stellt sich jene der Geburt analoge Situation her, in der sich das Ich hilflos gegen den stetig wachsenden Triebanspruch findet, also die erste und ursprünglichste der Angstbedingungen. Für unsere Anschauung erweisen sich die Beziehungen zwischen Angst und Symptom weniger eng als angenommen wurde, die Folge davon, daß wir zwischen beide das Moment der Gefahrsituation eingeschoben haben. Wir können auch ergänzend sagen, die Angstentwicklung leite die Symptombildung ein, ja sie sei eine notwendige Voraussetzung derselben, denn wenn das Ich nicht durch die Angstentwicklung die Lust-Unlust-Instanz wachrütteln würde, bekäme es nicht die Macht, den im Es vorbereiteten, gefahrdrohenden Vorgang aufzuhalten. Dabei ist die Tendenz unverkennbar, sich auf ein Mindestmaß von Angstentwicklung zu beschränken, die Angst nur als Signal zu verwenden, denn sonst bekäme man die Unlust, die durch den Triebvorgang droht, nur an anderer Stelle zu spüren, was kein Erfolg nach der Absicht des Lustprinzips wäre, sich aber doch bei den Neurosen häufig genug ereignet.

Die Symptombildung hat also den wirklichen Erfolg, die Gefahrsituation aufzuheben. Sie hat zwei Seiten; die eine, die uns verborgen bleibt, stellt im Es jene Abänderung her, mittels deren das Ich der Gefahr entzogen wird, die andere, uns zugewendete, zeigt, was sie an Stelle des beeinflußten Triebvorganges geschaffen hat, die Ersatzbildung.

Wir sollten uns aber korrekter ausdrücken, dem Abwehrvorgang zuschreiben, was wir eben von der

Symptombildung ausgesagt haben, und den Namen Symptombildung selbst als synonym mit Ersatzbildung gebrauchen. Es scheint dann klar, daß der Abwehrvorgang analog der Flucht ist, durch die sich das Ich einer von außen drohenden Gefahr entzieht, daß er eben einen Fluchtversuch vor einer Triebgefahr darstellt. Die Bedenken gegen diesen Vergleich werden uns zu weiterer Klärung verhelfen. Erstens läßt sich einwenden, daß der Objektverlust (der Verlust der Liebe von Seiten des Objekts) und die Kastrationsdrohung ebensowohl Gefahren sind, die von außen drohen, wie etwa ein reißendes Tier, also nicht Triebgefahren. Aber es ist doch nicht derselbe Fall. Der Wolf würde uns wahrscheinlich anfallen, gleichgiltig, wie wir uns gegen ihn benehmen; die geliebte Person würde uns aber nicht ihre Liebe entziehen, die Kastration uns nicht angedroht werden, wenn wir nicht bestimmte Gefühle und Absichten in unserem Inneren nähren würden. So werden diese Triebregungen zu Bedingungen der äußeren Gefahr und damit selbst gefährlich, wir können jetzt die äußere Gefahr durch Maßregeln gegen innere Gefahren bekämpfen. Bei den Tierphobien scheint die Gefahr noch durchaus als eine äußerliche empfunden zu werden, wie sie auch im Symptom eine äußerliche Verschiebung erfährt. Bei der Zwangsneurose ist sie weit mehr verinnerlicht, der Anteil der Angst vor dem Über-Ich, der soziale Angst ist, repräsentiert noch den innerlichen Ersatz einer äußeren Gefahr, der andere Anteil, die Gewissensangst, ist durchaus endopsychisch.

Ein zweiter Einwand sagt, beim Fluchtversuch vor einer drohenden äußeren Gefahr tun wir ja nichts anderes, als daß wir die Raumdistanz zwischen uns und dem Drohenden vergrößern.

Wir setzen uns ja nicht gegen die Gefahr zur Wehr, suchen nichts an ihr selbst zu ändern, wie in dem anderen Falle, daß wir mit einem Knüttel auf den Wolf losgehen oder mit einem Gewehr auf ihn schießen. Der Abwehrvorgang scheint aber mehr zu tun, als einem Fluchtversuch entspricht. Er greift ja in den drohenden Triebablauf ein, unterdrückt ihn irgendwie, lenkt ihn von seinem Ziel ab, macht ihn dadurch ungefährlich. Dieser Einwand scheint unabweisbar, wir müssen ihm Rechnung tragen. Wir meinen, es wird wohl so sein, daß es Abwehrvorgänge gibt, die man mit gutem Recht einem Fluchtversuch vergleichen kann, während sich das Ich bei anderen weit aktiver zur Wehre setzt, energische Gegenaktionen vornimmt. Wenn der Vergleich der Abwehr mit der Flucht nicht überhaupt durch den Umstand gestört wird, daß das Ich und der Trieb im Es ja Teile derselben Organisation sind, nicht getrennte Existenzen, wie der Wolf und das Kind, so daß jede Art Verhaltens des Ichs auch abändernd auf den Triebvorgang einwirken muß.

Durch das Studium der Angstbedingungen haben wir das Verhalten des Ichs bei der Abwehr sozusagen in rationeller Verklärung erblicken müssen. Jede Gefahrsituation entspricht einer gewissen Lebenszeit oder Entwicklungsphase des seelischen Apparats und erscheint für diese berechtigt. Das frühkindliche Wesen ist wirklich nicht dafür ausgerüstet, große Erregungssummen, die von außen oder innen anlangen, psychisch zu bewältigen. Zu einer gewissen Lebenszeit ist es wirklich das wichtigste Interesse, daß die Personen, von denen man abhängt, ihre zärtliche Sorge nicht zurückziehen. Wenn der Knabe den mächtigen Vater als Rivalen bei der Mutter empfindet, seiner aggressiven Neigungen gegen ihn und seiner sexuellen Absichten auf die Mutter inne wird, hat er ein Recht dazu, sich vor ihm zu fürchten, und die Angst vor seiner Strafe kann durch phylogenetische Verstärkung sich als Kastrationsangst äußern. Mit dem Eintritt in soziale Beziehungen wird die Angst vor dem Über-Ich, das Gewissen, zur Notwendigkeit, der Wegfall dieses Moments die Quelle von schweren Konflikten und Gefahren usw. Aber gerade daran knüpft sich ein neues Problem.

Versuchen wir es, den Angstaffekt für eine Weile durch einen anderen, z. B. den Schmerzaffekt, zu ersetzen. Wir halten es für durchaus normal, daß das Mädchen von vier Jahren schmerzlich weint, wenn ihm eine Puppe zerbricht, mit sechs Jahren, wenn ihm die Lehrerin einen Verweis gibt, mit sechzehn Jahren, wenn der Geliebte sich nicht um sie bekümmert, mit fünfundzwanzig Jahren vielleicht, wenn sie ein Kind begräbt. Jede dieser Schmerzbedingungen hat ihre Zeit und erlischt mit deren Ablauf; die letzten, definitiven, erhalten sich dann durchs Leben. Es würde uns aber auffallen, wenn dies Mädchen als Frau und Mutter über die Beschädigung einer Nippsache weinen würde. So benehmen sich aber die Neurotiker. In ihrem seelischen Apparat sind längst alle Instanzen zur Reizbewältigung innerhalb weiter Grenzen ausgebildet, sie sind erwachsen genug, um die meisten ihrer Bedürfnisse selbst zu befriedigen, sie wissen längst, daß die Kastration nicht mehr als Strafe geübt wird, und doch benehmen sie sich, als bestünden die alten Gefahrsituationen noch, sie halten an allen früheren Angstbedingungen fest.

Die Antwort hierauf wird etwas weitläufig ausfallen. Sie wird vor allem den Tatbestand zu sichten haben. In einer großen Anzahl von Fällen werden die alten Angstbedingungen wirklich fallengelassen, nachdem sie bereits neurotische Reaktionen erzeugt haben. Die Phobien der kleinsten Kinder vor Alleinsein, Dunkelheit und vor Fremden, die beinahe normal zu nennen sind, vergehen zumeist in etwas späteren Jahren, sie „wachsen sich aus", wie man von manchen anderen Kindheitsstörungen sagt. Die so häufigen Tierphobien haben das gleiche Schicksal, viele der Konversionshysterien der Kinderjahre finden später keine Fortsetzung. Zeremoniell in der Latenzzeit ist ein ungemein häufiges Vorkommnis, nur ein sehr geringer Prozentsatz dieser Fälle entwickelt sich später zur vollen Zwangsneurose. Die Kinderneurosen sind überhaupt – soweit unsere Erfahrungen an den höheren Kulturanforderungen unterworfenen Stadtkindern weißer Rasse reichen – regelmäßige Episoden der Entwicklung, wenngleich ihnen noch immer zu wenig Aufmerksamkeit geschenkt wird. Man vermißt die Zeichen der Kindheitsneurose auch nicht bei *einem* erwachsenen Neurotiker, während lange nicht alle Kinder, die sie zeigen, auch später Neurotiker werden. Es müssen also im Verlaufe der Reifung Angstbedingungen aufgegeben worden sein und Gefahrsituationen ihre Bedeutung verloren haben. Dazu kommt, daß einige dieser Gefahrsituationen sich dadurch in späte Zeiten hinüberretten, daß sie ihre Angstbedingung zeitgemäß modifizieren. So erhält sich z. B. die Kastrationsangst unter der Maske der Syphilisphobie, nachdem man erfahren hat, daß zwar die Kastration nicht mehr als Strafe für das Gewährenlassen der sexuellen Gelüste üblich ist, aber daß dafür der Triebfreiheit schwere Erkrankungen drohen. Andere der Angstbedingungen sind überhaupt nicht zum Untergang bestimmt, sondern sollen den Menschen durchs Leben begleiten, wie die der Angst vor dem Über-Ich. Der Neurotiker unterscheidet sich dann von den Normalen dadurch, daß er die Reaktionen auf diese Gefahren übermäßig erhöht. Gegen die Wiederkehr der ursprünglichen traumatischen Angstsituation bietet endlich auch das Erwachsensein keinen zureichenden Schutz; es dürfte für jedermann eine Grenze geben, über die hinaus sein seelischer Apparat in der Bewältigung der Erledigung heischenden Erregungsmengen versagt.

Diese kleinen Berichtigungen können unmöglich die Bestimmung haben, an der Tatsache zu rütteln, die hier erörtert wird, der Tatsache, daß so viele Menschen in ihrem Verhalten zur Gefahr infantil bleiben und verjährte Angstbedingungen nicht überwinden; dies bestreiten, hieße die Tatsache der Neurose leugnen, denn solche Personen heißt man eben Neurotiker. Wie ist das aber möglich? Warum sind nicht alle Neurosen Episoden der Entwicklung, die mit Erreichung der nächsten Phase abgeschlossen werden? Woher das Dauermoment in diesen Reaktionen auf die Gefahr? Woher der Vorzug, den der Angstaffekt vor allen anderen Affekten zu genießen scheint, daß er allein Reaktionen hervorruft, die sich als abnorm von den anderen sondern und sich als unzweckmäßig dem Strom des Lebens entgegenstellen? Mit anderen Worten, wir finden uns unversehens wieder vor der so oft gestellten Vexierfrage, woher kommt die Neurose, was ist ihr letztes, das ihr besondere Motiv? Nach jahrzehntelangen analytischen Bemühungen erhebt sich dies Problem vor uns, unangetastet, wie zu Anfang.

Kapitel X

Die Angst ist die Reaktion auf die Gefahr. Man kann doch die Idee nicht abweisen, daß es mit dem Wesen der Gefahr zusammenhängt, wenn sich der Angstaffekt eine Ausnahmsstellung in der seelischen Ökonomie erzwingen kann. Aber die Gefahren sind allgemein menschliche, für alle Individuen die nämlichen; was wir brauchen und nicht zur Verfügung haben, ist ein Moment, das uns die Auslese der Individuen verständlich macht, die den Angstaffekt trotz seiner Besonderheit dem normalen seelischen Betrieb unterwerfen können, oder das bestimmt, wer an dieser Aufgabe scheitern muß. Ich sehe zwei Versuche vor mir, ein solches Moment aufzudecken; es ist begreiflich, daß jeder solche Versuch eine sympathische Aufnahme erwarten darf, da er einem quälenden Bedürfnis Abhilfe verspricht. Die beiden Versuche ergänzen einander, indem sie das Problem an entgegengesetzten Enden angreifen. Der erste ist vor mehr als zehn Jahren von Alfred Adler unternommen worden; er behauptet, auf seinen innersten Kern reduziert, daß diejenigen Menschen an der Bewältigung der durch die Gefahr gestellten Aufgabe scheitern, denen die Minderwertigkeit ihrer Organe zu große Schwierigkeiten bereitet. Bestünde der Satz *simplex sigillum veri* zu Recht, so müßte man eine solche Lösung wie eine Erlösung begrüßen. Aber im Gegenteile, die Kritik des abgelaufenen Jahrzehnts hat die volle Unzulänglichkeit dieser Erklärung, die sich überdies über den ganzen Reichtum der von der Psychoanalyse aufgedeckten Tatbestände hinaussetzt, beweisend dargetan.

Den zweiten Versuch hat Otto Rank 1923 in seinem Buch *Das Trauma der Geburt* unternommen. Es wäre unbillig, ihn dem Versuch von Adler in einem anderen Punkte als dem einen hier betonten gleichzustellen, denn er bleibt auf dem Boden der Psychoanalyse, deren Gedankengänge er fortsetzt, und ist als eine legitime Bemühung zur Lösung der analytischen Probleme anzuerkennen. In der gegebenen Relation zwischen Individuum und Gefahr lenkt Rank von der Organschwäche des Individuums ab und auf die veränderliche Intensität der Gefahr hin. Der Geburtsvorgang ist die erste Gefahrsituation, der von ihm produzierte ökonomische Aufruhr wird das Vorbild der Angstreaktion; wir haben vorhin die Entwicklungslinie verfolgt, welche diese erste Gefahrsituation und Angstbedingung mit allen späteren verbindet, und dabei gesehen, daß sie alle etwas Gemeinsames bewahren, indem sie alle in gewissem Sinne eine Trennung von der Mutter bedeuten, zuerst nur in biologischer Hinsicht, dann im Sinn eines direkten Objektverlustes und später eines durch indirekte Wege vermittelten. Die Aufdeckung dieses großen Zusammenhanges ist ein unbestrittenes Verdienst der Rankschen Konstruktion. Nun trifft das Trauma der Geburt die einzelnen Individuen in verschiedener Intensität, mit der Stärke des Traumas variiert die Heftigkeit der Angstreaktion, und es soll nach Rank von dieser Anfangshöhe der Angstentwicklung abhängen, ob das Individuum jemals ihre Beherrschung erlangen kann, ob es neurotisch wird oder normal.

Die Einzelkritik der Rankschen Aufstellungen ist nicht unsere Aufgabe, bloß deren Prüfung, ob sie zur Lösung unseres

Problems brauchbar sind. Die Formel Ranks, Neurotiker werde der, dem es wegen der Stärke des Geburtstraumas niemals gelinge, dieses völlig abzureagieren, ist theoretisch höchst anfechtbar. Man weiß nicht recht, was mit dem Abreagieren des Traumas gemeint ist. Versteht man es wörtlich, so kommt man zu dem unhaltbaren Schluß, daß der Neurotiker sich um so mehr der Gesundung nähert, je häufiger und intensiver er den Angstaffekt reproduziert. Wegen dieses Widerspruches mit der Wirklichkeit hatte ich ja seinerzeit die Theorie des Abreagierens aufgegeben, die in der Katharsis eine so große Rolle spielte. Die Betonung der wechselnden Stärke des Geburtstraumas läßt keinen Raum für den berechtigten ätiologischen Anspruch der hereditären Konstitution. Sie ist ja ein organisches Moment, welches sich gegen die Konstitution wie eine Zufälligkeit verhält und selbst von vielen, zufällig zu nennenden Einflüssen, z. B. von der rechtzeitigen Hilfeleistung bei der Geburt abhängig ist. Die Ranksche Lehre hat konstitutionelle wie phylogenetische Faktoren überhaupt außer Betracht gelassen. Will man aber für die Bedeutung der Konstitution Raum schaffen, etwa durch die Modifikation, es käme vielmehr darauf an, wie ausgiebig das Individuum auf die variable Intensität des Geburtstraumas reagiere, so hat man der Theorie ihre Bedeutung geraubt und den neu eingeführten Faktor auf eine Nebenrolle eingeschränkt. Die Entscheidung über den Ausgang in Neurose liegt dann doch auf einem anderen, wiederum auf einem unbekannten Gebiet.

Die Tatsache, daß der Mensch den Geburtsvorgang mit den anderen Säugetieren gemein hat, während ihm eine besondere Disposition zur Neurose als Vorrecht vor den Tieren zukommt, wird kaum günstig für die Ranksche Lehre stimmen. Der

Haupteinwand bleibt aber, daß sie in der Luft schwebt, anstatt sich auf gesicherte Beobachtung zu stützen. Es gibt keine guten Untersuchungen darüber, ob schwere und protrahierte Geburt in unverkennbarer Weise mit Entwicklung von Neurose zusammentreffen, ja, ob so geborene Kinder nur die Phänomene der frühinfantilen Ängstlichkeit länger oder stärker zeigen als andere. Macht man geltend, daß präzipitierte und für die Mutter leichte Geburten für das Kind möglicherweise die Bedeutung von schweren Traumen haben, so bleibt doch die Forderung aufrecht, daß Geburten, die zur Asphyxie führen, die behaupteten Folgen mit Sicherheit erkennen lassen müßten. Es scheint ein Vorteil der Rankschen Ätiologie, daß sie ein Moment voranstellt, das der Nachprüfung am Material der Erfahrung zugänglich ist; solange man eine solche Prüfung nicht wirklich vorgenommen hat, ist es unmöglich, ihren Wert zu beurteilen.

Dagegen kann ich mich der Meinung nicht anschließen, daß die Ranksche Lehre der bisher in der Psychoanalyse anerkannten ätiologischen Bedeutung der Sexualtriebe widerspricht; denn sie bezieht sich nur auf das Verhältnis des Individuums zur Gefahrsituation und läßt die gute Auskunft offen, daß, wer die anfänglichen Gefahren nicht bewältigen konnte, auch in den später auftauchenden Situationen sexueller Gefahr versagen muß und dadurch in die Neurose gedrängt wird.

Ich glaube also nicht, daß der Ranksche Versuch uns die Antwort auf die Frage nach der Begründung der Neurose gebracht hat, und ich meine, es läßt sich noch nicht entscheiden, einen wie großen Beitrag zur Lösung der Frage er doch enthält. Wenn die Untersuchungen über den Einfluß schwerer Geburt auf die Disposition zu Neurosen negativ ausfallen, ist dieser

Beitrag gering einzuschätzen. Es ist sehr zu besorgen, daß das Bedürfnis nach einer greifbaren und einheitlichen „letzten Ursache“ der Nervosität immer unbefriedigt bleiben wird. Der ideale Fall, nach dem sich der Mediziner wahrscheinlich noch heute sehnt, wäre der des Bazillus, der sich isolieren und reinzüchten läßt und dessen Impfung bei jedem Individuum die nämliche Affektion hervorruft. Oder etwas weniger phantastisch: die Darstellung von chemischen Stoffen, deren Verabreichung bestimmte Neurosen produziert und aufhebt. Aber die Wahrscheinlichkeit spricht nicht für solche Lösungen des Problems.

Die Psychoanalyse führt zu weniger einfachen, minder befriedigenden Auskünften. Ich habe hier nur längst Bekanntes zu wiederholen, nichts Neues hinzuzufügen. Wenn es dem Ich gelungen ist, sich einer gefährlichen Triebregung zu erwehren, z. B. durch den Vorgang der Verdrängung, so hat es diesen Teil des Es zwar gehemmt und geschädigt, aber ihm gleichzeitig auch ein Stück Unabhängigkeit gegeben und auf ein Stück seiner eigenen Souveränität verzichtet. Das folgt aus der Natur der Verdrängung, die im Grunde ein Fluchtversuch ist. Das Verdrängte ist nun „vogelfrei“, ausgeschlossen aus der großen Organisation des Ichs, nur den Gesetzen unterworfen, die im Bereich des Unbewußten herrschen. Ändert sich nun die Gefahrsituation, so daß das Ich kein Motiv zur Abwehr einer neuerlichen, der verdrängten analogen Triebregung hat, so werden die Folgen der Icheinschränkung manifest. Der neuerliche Triebablauf vollzieht sich unter dem Einfluß des Automatismus – ich zöge vor zu sagen: des Wiederholungszwanges –, er wandelt dieselben Wege wie der früher verdrängte, als ob die überwundene Gefahrsituation noch bestünde. Das fixierende Moment an der Verdrängung ist also der Wiederholungszwang des unbewußten Es, der normalerweise nur durch die frei bewegliche Funktion des Ichs aufgehoben wird. Nun mag es dem Ich mitunter gelingen, die Schranken der Verdrängung, die es selbst aufgerichtet, wieder einzureißen, seinen Einfluß auf die Triebregung wiederzugewinnen und den neuerlichen Triebablauf im Sinne der veränderten Gefahrsituation zu lenken. Tatsache ist, daß es ihm so oft mißlingt und daß es seine Verdrängungen nicht rückgängig machen kann. Quantitative Relationen mögen für den Ausgang dieses Kampfes maßgebend sein. In manchen Fällen haben wir den Eindruck, daß die Entscheidung eine zwangsläufige ist, die regressive Anziehung der verdrängten Regung und die Stärke der Verdrängung sind so groß, daß die neuerliche Regung nur dem Wiederholungszwange folgen kann. In anderen Fällen nehmen wir den Beitrag eines anderen Kräftespiels wahr, die Anziehung des verdrängten Vorbilds wird verstärkt durch die Abstoßung von Seiten der realen Schwierigkeiten, die sich einem anderen Ablauf der neuerlichen Triebregung entgegensetzen.

Daß dies der Hergang der Fixierung an die Verdrängung und der Erhaltung der nicht mehr aktuellen Gefahrsituation ist, findet seinen Erweis in der an sich bescheidenen, aber theoretisch kaum überschätzbaren Tatsache der analytischen Therapie. Wenn wir dem Ich in der Analyse die Hilfe leisten, die es in den Stand setzen kann, seine Verdrängungen aufzuheben, bekommt es seine Macht über das verdrängte Es wieder und kann die Triebregungen so ablaufen lassen, als ob die alten

Gefahrsituationen nicht mehr bestünden. Was wir so erreichen, steht in gutem Einklang mit dem sonstigen Machtbereich unserer ärztlichen Leistung. In der Regel muß sich ja unsere Therapie damit begnügen, rascher, verläßlicher, mit weniger Aufwand den guten Ausgang herbeizuführen, der sich unter günstigen Verhältnissen spontan ergeben hätte.

Die bisherigen Erwägungen lehren uns, es sind *quantitative* Relationen, nicht direkt aufzuzeigen, nur auf dem Wege des Rückschlusses faßbar, die darüber entscheiden, ob die alten Gefahrsituationen festgehalten werden, ob die Verdrängungen des Ichs erhalten bleiben, ob die Kinderneurosen ihre Fortsetzung finden oder nicht. Von den Faktoren, die an der Verursachung der Neurosen beteiligt sind, die die Bedingungen geschaffen haben, unter denen sich die psychischen Kräfte miteinander messen, heben sich für unser Verständnis drei hervor, ein biologischer, ein phylogenetischer und ein rein psychologischer. Der biologische ist die lang hingezogene Hilflosigkeit und Abhängigkeit des kleinen Menschenkindes. Die Intrauterinexistenz des Menschen erscheint gegen die der meisten Tiere relativ verkürzt; er wird unfertiger als diese in die Welt geschickt. Dadurch wird der Einfluß der realen Außenwelt verstärkt, die Differenzierung des Ichs vom Es frühzeitig gefördert, die Gefahren der Außenwelt in ihrer Bedeutung erhöht und der Wert des Objekts, das allein gegen diese Gefahren schützen und das verlorene Intrauterinleben ersetzen kann, enorm gesteigert. Dies biologische Moment stellt also die ersten Gefahrsituationen her und schafft das Bedürfnis, geliebt zu werden, das den Menschen nicht mehr verlassen wird.

Der zweite, phylogenetische Faktor ist von uns nur erschlossen worden; eine sehr merkwürdige Tatsache der Libidoentwicklung hat uns zu seiner Annahme gedrängt. Wir finden, daß das Sexualleben des Menschen sich nicht wie das der meisten ihm nahestehenden Tiere vom Anfang bis zur Reifung stetig weiter entwickelt, sondern daß es nach einer ersten Frühblüte bis zum fünften Jahr eine energische Unterbrechung erfährt, worauf es dann mit der Pubertät von neuem anhebt und an die infantilen Ansätze anknüpft. Wir meinen, es müßte in den Schicksalen der Menschenart etwas Wichtiges vorgefallen sein, was diese Unterbrechung der Sexualentwicklung als historischen Niederschlag hinterlassen hat. Die pathogene Bedeutung dieses Moments ergibt sich daraus, daß die meisten Triebansprüche dieser kindlichen Sexualität vom Ich als Gefahren behandelt und abgewehrt werden, so daß die späteren sexuellen Regungen der Pubertät, die ichgerecht sein sollten, in Gefahr sind, der Anziehung der infantilen Vorbilder zu unterliegen und ihnen in die Verdrängung zu folgen. Hier stoßen wir auf die direkteste Ätiologie der Neurosen. Es ist merkwürdig, daß der frühe Kontakt mit den Ansprüchen der Sexualität auf das Ich ähnlich wirkt wie die vorzeitige Berührung mit der Außenwelt.

Der dritte oder psychologische Faktor ist in einer Unvollkommenheit unseres seelischen Apparates zu finden, die gerade mit seiner Differenzierung in ein Ich und ein Es zusammenhängt, also in letzter Linie auch auf den Einfluß der Außenwelt zurückgeht. Durch die Rücksicht auf die Gefahren der Realität wird das Ich genötigt, sich gegen gewisse Triebregungen des Es zur Wehre zu setzen, sie als Gefahren zu behandeln. Das Ich kann sich aber gegen innere Triebgefahren nicht in so wirksamer Weise schützen wie gegen ein Stück der ihm fremden Realität. Mit dem Es selbst innig verbunden, kann es die Triebgefahr nur abwehren, indem es seine eigene Organisation einschränkt und sich die Symptombildung als Ersatz für seine Beeinträchtigung des Triebes gefallen läßt. Erneuert sich dann der Andrang des abgewiesenen Triebes, so ergeben sich für das Ich alle die Schwierigkeiten, die wir als das neurotische Leiden kennen.

Weiter muß ich glauben, ist unsere Einsicht in das Wesen und die Verursachung der Neurosen vorläufig nicht gekommen.

Kapitel XI - Nachträge

Im Laufe dieser Erörterungen sind verschiedene Themen berührt worden, die vorzeitig verlassen werden mußten und die jetzt gesammelt werden sollen, um den Anteil Aufmerksamkeit zu erhalten, auf den sie Anspruch haben.

A
Modifikationen früher geäußerter Ansichten

a) Widerstand und Gegenbesetzung

Es ist ein wichtiges Stück der Theorie der Verdrängung, daß sie nicht einen einmaligen Vorgang darstellt, sondern einen dauernden Aufwand erfordert. Wenn dieser entfiele, würde der verdrängte Trieb, der kontinuierlich Zuflüsse aus seinen Quellen erhält, ein nächstes Mal denselben Weg einschlagen, von dem er abgedrängt wurde, die Verdrängung würde um ihren Erfolg gebracht, oder sie müßte unbestimmt oft wiederholt werden. So folgt aus der kontinuierlichen Natur des Triebes die Anforderung an das Ich, seine Abwehraktion durch einen Daueraufwand zu versichern. Diese Aktion zum Schutz der Verdrängung ist es, die wir bei der therapeutischen Bemühung als *Widerstand* verspüren. Widerstand setzt das voraus, was ich als *Gegenbesetzung* bezeichnet habe. Eine solche Gegenbesetzung wird bei der Zwangsneurose greifbar. Sie erscheint hier als Ichveränderung, als Reaktionsbildung im Ich, durch Verstärkung jener Einstellung, welche der zu verdrängenden Triebrichtung gegensätzlich ist (Mitleid, Gewissenhaftigkeit, Reinlichkeit). Diese Reaktionsbildungen der Zwangsneurose sind durchweg Übertreibungen normaler, im Verlauf der Latenzzeit entwickelter Charakterzüge. Es ist weit schwieriger, die Gegenbesetzung bei der Hysterie aufzuweisen, wo sie nach der theoretischen Erwartung ebenso unentbehrlich ist. Auch hier ist ein gewisses Maß von Ichveränderung durch Reaktionsbildung unverkennbar und wird in manchen Verhältnissen so auffällig, daß es sich der Aufmerksamkeit als das Hauptsymptom des Zustandes aufdrängt. In solcher Weise wird z. B. der Ambivalenzkonflikt der Hysterie gelöst, der Haß gegen eine geliebte Person wird durch ein Übermaß von Zärtlichkeit für sie und Ängstlichkeit um sie niedergehalten. Man muß aber als Unterschiede gegen die Zwangsneurose hervorheben, daß solche Reaktionsbildungen nicht die allgemeine Natur von Charakterzügen zeigen, sondern sich auf ganz spezielle Relationen einschränken. Die Hysterika z. B., die ihre im Grunde gehaßten Kinder mit exzessiver Zärtlichkeit behandelt, wird darum nicht im ganzen liebesbereiter als andere Frauen, nicht einmal zärtlicher für andere Kinder. Die Reaktionsbildung der Hysterie hält an einem bestimmten Objekt zähe fest und erhebt sich nicht zu einer allgemeinen Disposition des Ichs. Für die Zwangsneurose ist gerade diese Verallgemeinerung, die Lockerung der Objektbeziehungen, die Erleichterung der Verschiebung in der Objektwahl charakteristisch.

Eine andere Art der Gegenbesetzung scheint der Eigenart der Hysterie gemäßer zu sein. Die verdrängte Triebregung kann von zwei Seiten her aktiviert (neu besetzt) werden, erstens von innen her durch eine Verstärkung des Triebes aus seinen inneren Erregungsquellen, zweitens von außen her durch die Wahrnehmung eines Objekts, das dem Trieb erwünscht wäre. Die hysterische Gegenbesetzung ist nun vorzugsweise nach außen gegen gefährliche Wahrnehmung gerichtet, sie nimmt die Form einer besonderen Wachsamkeit an, die durch Icheinschränkungen Situationen vermeidet, in denen die Wahrnehmung auftreten müßte, und die es zustandebringt, dieser Wahrnehmung die Aufmerksamkeit zu entziehen, wenn sie doch aufgetaucht ist. Französische Autoren (Laforgue) haben kürzlich diese Leistung der Hysterie durch den besonderen Namen „ Skotomisation" ausgezeichnet. Noch auffälliger als bei Hysterie ist diese Technik der Gegenbesetzung bei den Phobien, deren Interesse sich darauf konzentriert, sich immer weiter von der Möglichkeit der gefürchteten Wahrnehmung zu entfernen. Der Gegensatz in der Richtung der Gegenbesetzung zwischen Hysterie und Phobien einerseits und Zwangsneurose anderseits scheint bedeutsam, wenn er auch kein absoluter ist. Er legt uns nahe anzunehmen, daß zwischen der Verdrängung und der äußeren Gegenbesetzung, wie zwischen der Regression und der inneren Gegenbesetzung (Ichveränderung durch

Reaktionsbildung), ein innigerer Zusammenhang besteht. Die Abwehr der gefährlichen Wahrnehmung ist übrigens eine allgemeine Aufgabe der Neurosen. Verschiedene Gebote und Verbote der Zwangsneurose sollen der gleichen Absicht dienen.

Wir haben uns früher einmal klargemacht, daß der Widerstand, den wir in der Analyse zu überwinden haben, vom Ich geleistet wird, das an seinen Gegenbesetzungen festhält. Das Ich hat es schwer, seine Aufmerksamkeit Wahrnehmungen und Vorstellungen zuzuwenden, deren Vermeidung es sich bisher zur Vorschrift gemacht hatte, oder Regungen als die seinigen anzuerkennen, die den vollsten Gegensatz zu den ihm als eigen vertrauten bilden. Unsere Bekämpfung des Widerstandes in der Analyse gründet sich auf eine solche Auffassung desselben. Wir machen den Widerstand bewußt, wo er, wie so häufig, infolge des Zusammenhanges mit dem Verdrängten selbst unbewußt ist; wir setzen ihm logische Argumente entgegen, wenn oder nachdem er bewußtgeworden ist, versprechen dem Ich Nutzen und Prämien, wenn es auf den Widerstand verzichtet. An dem Widerstand des Ichs ist also nichts zu bezweifeln oder zu berichtigen. Dagegen fragt es sich, ob er allein den Sachverhalt deckt, der uns in der Analyse entgegentritt. Wir machen die Erfahrung, daß das Ich noch immer Schwierigkeiten findet, die Verdrängungen rückgängig zu machen, auch nachdem es den Vorsatz gefaßt hat, seine Widerstände aufzugeben, und haben die Phase anstrengender Bemühung, die nach solchem löblichen Vorsatz folgt, als die des „Durcharbeitens“ bezeichnet. Es liegt nun nahe, das dynamische Moment anzuerkennen, das ein solches Durcharbeiten notwendig und verständlich macht. Es kann kaum anders sein, als daß nach Aufhebung des

Ichwiderstandes noch die Macht des Wiederholungszwanges, die Anziehung der unbewußten Vorbilder auf den verdrängten Triebvorgang, zu überwinden ist, und es ist nichts dagegen zu sagen, wenn man dies Moment als den *Widerstand des Unbewußten* bezeichnen will. Lassen wir uns solche Korrekturen nicht verdrießen; sie sind erwünscht, wenn sie unser Verständnis um ein Stück fördern, und keine Schande, wenn sie das frühere nicht widerlegen, sondern bereichern, eventuell eine Allgemeinheit einschränken, eine zu enge Auffassung erweitern.

Es ist nicht anzunehmen, daß wir durch diese Korrektur eine vollständige Übersicht über die Arten der uns in der Analyse begegnenden Widerstände gewonnen haben. Bei weiterer Vertiefung merken wir vielmehr, daß wir fünf Arten des Widerstandes zu bekämpfen haben, die von drei Seiten herstammen, nämlich vom Ich, vom Es und vom Über-Ich, wobei sich das Ich als die Quelle von drei in ihrer Dynamik unterschiedenen Formen erweist. Der erste dieser drei Ichwiderstände ist der vorhin behandelte Verdrängungswiderstand, über den am wenigsten Neues zu sagen ist. Von ihm sondert sich der *Übertragungs*widerstand, der von der gleichen Natur ist, aber in der Analyse andere und weit deutlichere Erscheinungen macht, da es ihm gelungen ist, eine Beziehung zur analytischen Situation oder zur Person des Analytikers herzustellen und somit eine Verdrängung, die bloß erinnert werden sollte, wieder wie frisch zu beleben. Auch ein Ichwiderstand, aber ganz anderer Natur, ist jener, der vom *Krankheitsgewinn* ausgeht und sich auf die Einbeziehung des Symptoms ins Ich gründet. Er entspricht dem Sträuben gegen den Verzicht auf eine Befriedigung oder Erleichterung. Die vierte Art des Widerstandes – den des *Es* – haben wir eben für die Notwendigkeit des Durcharbeitens verantwortlich gemacht. Der fünfte Widerstand, der des *Über-Ichs,* der zuletzt erkannte, dunkelste, aber nicht immer schwächste, scheint dem Schuldbewußtsein oder Strafbedürfnis zu entstammen; er widersetzt sich jedem Erfolg und demnach auch der Genesung durch die Analyse.

b) Angst aus Umwandlung von Libido

Die in diesem Aufsatz vertretene Auffassung der Angst entfernt sich ein Stück weit von jener, die mir bisher berechtigt schien. Früher betrachtete ich die Angst als eine allgemeine Reaktion des Ichs unter den Bedingungen der Unlust, suchte ihr Auftreten jedesmal ökonomisch zu rechtfertigen und nahm an, gestützt auf die Untersuchung der Aktualneurosen, daß Libido (sexuelle Erregung), die vom Ich abgelehnt oder nicht verwendet wird, eine direkte Abfuhr in der Form der Angst findet. Man kann es nicht übersehen, daß diese verschiedenen Bestimmungen nicht gut zusammengehen, zum mindesten nicht notwendig auseinander folgen. Überdies ergab sich der Anschein einer besonders innigen Beziehung von Angst und Libido, die wiederum mit dem Allgemeincharakter der Angst als Unlustreaktion nicht harmonierte.

Der Einspruch gegen diese Auffassung ging von der Tendenz aus, das Ich zur alleinigen Angststätte zu machen, war also eine der Folgen der im *Ich und Es* versuchten Gliederung des seelischen Apparates. Der früheren Auffassung lag es nahe, die Libido der verdrängten Triebregung als die Quelle der Angst zu betrachten; nach der neueren hatte vielmehr das Ich für diese Angst aufzukommen. Also Ich-Angst oder Trieb-(Es-)Angst. Da das Ich mit desexualisierter Energie arbeitet, wurde in der Neuerung auch der intime Zusammenhang von Angst und Libido gelockert. Ich hoffe, es ist mir gelungen, wenigstens den Widerspruch klarzumachen, die Umrisse der Unsicherheit scharf zu zeichnen.

Die Ranksche Mahnung, der Angstaffekt sei, wie ich selbst zuerst behauptete, eine Folge des Geburtsvorganges und eine Wiederholung der damals durchlebten Situation, nötigte zu einer neuerlichen Prüfung des Angstproblems. Mit seiner eigenen Auffassung der Geburt als Trauma, des Angstzustandes als Abfuhrreaktion darauf, jedes neuerlichen Angstaffekts als Versuch, das Trauma immer vollständiger „abzureagieren“, konnte ich nicht weiterkommen. Es ergab sich die Nötigung, von der Angstreaktion auf die *Gefahrsituation* hinter ihr zurückzugehen. Mit der Einführung dieses Moments ergaben sich neue Gesichtspunkte für die Betrachtung. Die Geburt wurde das Vorbild für alle späteren Gefahrsituationen, die sich unter den neuen Bedingungen der veränderten Existenzform und der fortschreitenden psychischen Entwicklung ergaben. Ihre eigene Bedeutung wurde aber auch auf diese vorbildliche Beziehung zur Gefahr eingeschränkt. Die bei der Geburt empfundene Angst wurde nun das Vorbild eines Affektzustandes, der die Schicksale anderer Affekte teilen mußte. Er reproduzierte sich entweder automatisch in Situationen, die seinen Ursprungssituationen analog waren, als unzweckmäßige Reaktionsform, nachdem er in der ersten Gefahrsituation zweckmäßig gewesen war. Oder das Ich bekam Macht über diesen Affekt und reproduzierte ihn selbst, bediente sich seiner als Warnung vor der Gefahr und als Mittel, das Eingreifen des Lust-Unlust-Mechanismus wachzurufen. Die biologische Bedeutung des Angstaffekts kam zu ihrem Recht, indem die Angst als die allgemeine Reaktion auf die Situation der Gefahr anerkannt wurde; die Rolle des Ichs als Angststätte wurde bestätigt, indem dem Ich die Funktion eingeräumt wurde, den Angstaffekt nach seinen Bedürfnissen zu produzieren. Der Angst wurden so im späteren Leben zweierlei Ursprungsweisen zugewiesen, die eine ungewollt, automatisch, jedesmal ökonomisch gerechtfertigt, wenn sich eine Gefahrsituation analog jener der Geburt hergestellt hatte, die andere, vom Ich produzierte, wenn eine solche Situation nur drohte, um zu ihrer Vermeidung aufzufordern. In diesem zweiten Fall unterzog sich das Ich der Angst gleichsam wie einer Impfung, um durch einen abgeschwächten Krankheitsausbruch einem ungeschwächten Anfall zu entgehen. Es stellte sich gleichsam die Gefahrsituation lebhaft vor, bei unverkennbarer Tendenz, dies peinliche Erleben auf eine Andeutung, ein Signal, zu beschränken. Wie sich dabei die verschiedenen Gefahrsituationen nacheinander entwickeln und doch genetisch miteinander verknüpft bleiben, ist bereits im einzelnen dargestellt worden. Vielleicht gelingt es uns, ein Stück weiter ins Verständnis der Angst einzudringen, wenn wir das Problem des Verhältnisses zwischen neurotischer Angst und Realangst angreifen.

Die früher behauptete direkte Umsetzung der Libido in Angst ist unserem Interesse nun weniger bedeutsam geworden. Ziehen wir sie doch in Erwägung, so haben wir mehrere Fälle zu unterscheiden. Für die Angst, die das Ich als Signal provoziert, kommt sie nicht in Betracht; also auch nicht in all den Gefahrsituationen, die das Ich zur Einleitung einer Verdrängung bewegen. Die libidinöse Besetzung der verdrängten Triebregung erfährt, wie man es am deutlichsten bei der Konversionshysterie sieht, eine andere Verwendung als die Umsetzung in und Abfuhr als Angst. Hingegen werden wir bei der weiteren Diskussion der Gefahrsituation auf jenen Fall der Angstentwicklung stoßen, der wahrscheinlich anders zu beurteilen ist.

c) Verdrängung und Abwehr

Im Zusammenhange der Erörterungen über das Angstproblem habe ich einen Begriff – oder bescheidener ausgedrückt: einen Terminus – wieder aufgenommen, dessen ich mich zu Anfang meiner Studien vor dreißig Jahren ausschließend bedient und den ich späterhin fallengelassen habe. Ich meine den des Abwehrvorganges. Ich ersetzte ihn in der Folge durch den der Verdrängung, das Verhältnis zwischen beiden blieb aber unbestimmt. Ich meine nun, es bringt einen sicheren Vorteil, auf den alten Begriff der Abwehr zurückzugreifen, wenn man dabei festsetzt, daß er die allgemeine Bezeichnung für alle die Techniken sein soll, deren sich das Ich in seinen eventuell zur Neurose führenden Konflikten bedient, während Verdrängung der Name einer bestimmten solchen Abwehrmethode bleibt, die uns infolge der Richtung unserer Untersuchungen zuerst besser bekannt worden ist.

Auch eine bloß terminologische Neuerung will gerechtfertigt werden, soll der Ausdruck einer neuen Betrachtungsweise oder einer Erweiterung unserer Einsichten sein. Die Wiederaufnahme des Begriffes Abwehr und die Einschränkung des Begriffes der Verdrängung trägt nun einer Tatsache Rechnung, die längst bekannt ist, aber durch einige neuere Funde an Bedeutung gewonnen hat. Unsere ersten Erfahrungen über Verdrängung und Symptombildung machten wir an der Hysterie; wir sahen, daß der Wahrnehmungsinhalt erregender Erlebnisse, der Vorstellungsinhalt pathogener Gedankenbildungen vergessen und von der Reproduktion im Gedächtnis ausgeschlossen wird, und haben darum in der Abhaltung vom Bewußtsein einen Hauptcharakter der hysterischen Verdrängung erkannt. Später haben wir die Zwangsneurose studiert und gefunden, daß bei dieser Affektion die pathogenen Vorfälle nicht vergessen werden. Sie bleiben bewußt, werden aber auf eine noch nicht vorstellbare Weise „isoliert", so daß ungefähr derselbe Erfolg erzielt wird wie durch die hysterische Amnesie. Aber die Differenz ist groß genug, um unsere Meinung zu berechtigen, der Vorgang, mittels dessen die Zwangsneurose einen Triebanspruch beseitigt, könne nicht der nämliche sein wie bei Hysterie. Weitere Untersuchungen haben uns gelehrt, daß bei der Zwangsneurose unter dem Einfluß des Ichsträubens eine Regression der Triebregungen auf eine frühere Libidophase erzielt wird, die zwar eine Verdrängung nicht überflüssig macht, aber offenbar in demselben Sinne wirkt wie die Verdrängung. Wir haben ferner gesehen, daß die auch bei Hysterie anzunehmende Gegenbesetzung bei der Zwangsneurose als reaktive Ichveränderung eine besonders große Rolle beim Ichschutz spielt, wir sind auf ein Verfahren der „Isolierung" aufmerksam worden, dessen Technik wir noch nicht angeben können, das sich einen direkten symptomatischen Ausdruck schafft, und auf die magisch zu nennende Prozedur des „Ungeschehenmachens“, über deren abwehrende Tendenz kein Zweifel sein kann, die aber mit dem Vorgang der „Verdrängung“ keine Ähnlichkeit mehr hat. Diese Erfahrungen sind Grund genug, den alten Begriff der *Abwehr* wieder einzusetzen, der alle diese Vorgänge mit gleicher Tendenz – Schutz des Ichs gegen Triebansprüche – umfassen kann, und ihm die Verdrängung als einen Spezialfall zu subsumieren. Die Bedeutung einer solchen Namengebung wird erhöht, wenn man die Möglichkeit erwägt, daß eine Vertiefung unserer Studien eine innige Zusammengehörigkeit zwischen besonderen Formen der Abwehr und bestimmten Affektionen ergeben könnte, z. B. zwischen Verdrängung und Hysterie. Unsere Erwartung richtet sich ferner auf die Möglichkeit einer anderen bedeutsamen Abhängigkeit. Es kann leicht sein, daß der seelische Apparat vor der scharfen Sonderung von Ich und Es, vor der Ausbildung eines Über-Ichs andere Methoden der Abwehr übt als nach der Erreichung dieser Organisationsstufen.

B
Ergänzung zur Angst

Der Angstaffekt zeigt einige Züge, deren Untersuchung weitere Aufklärung verspricht. Die Angst hat eine unverkennbare Beziehung zur *Erwartung*; sie ist Angst *vor* etwas. Es haftet ihr ein Charakter von *Unbestimmtheit* und *Objektlosigkeit* an; der korrekte Sprachgebrauch ändert selbst ihren Namen, wenn sie ein Objekt gefunden hat, und ersetzt ihn dann durch *Furcht*. Die Angst hat ferner außer ihrer Beziehung zur Gefahr eine andere zur Neurose, um deren Aufklärung wir uns seit langem bemühen. Es entsteht die Frage, warum nicht alle Angstreaktionen neurotisch sind, warum wir so viele als normal anerkennen; endlich verlangt der Unterschied von Realangst und neurotischer Angst nach gründlicher Würdigung.

Gehen wir von der letzteren Aufgabe aus. Unser Fortschritt bestand in dem Rückgreifen von der Reaktion der Angst auf die Situation der Gefahr. Nehmen wir dieselbe Veränderung an dem Problem der Realangst vor, so wird uns dessen Lösung leicht. Realgefahr ist eine Gefahr, die wir kennen, Realangst die Angst vor einer solchen bekannten Gefahr. Die neurotische Angst ist Angst vor einer Gefahr, die wir nicht kennen. Die neurotische Gefahr muß also erst gesucht werden; die Analyse hat uns gelehrt, sie ist eine Triebgefahr. Indem wir diese dem Ich unbekannte Gefahr zum Bewußtsein bringen, verwischen wir den Unterschied zwischen Realangst und neurotischer Angst, können wir die letztere wie die erstere behandeln.

In der Realgefahr entwickeln wir zwei Reaktionen, die affektive, den Angstausbruch, und die Schutzhandlung. Voraussichtlich wird bei der Triebgefahr dasselbe geschehen. Wir kennen den Fall des zweckmäßigen Zusammenwirkens beider Reaktionen, indem die eine das Signal für das Einsetzen der anderen gibt, aber auch den unzweckmäßigen Fall, den der Angstlähmung, daß die eine sich auf Kosten der anderen ausbreitet.

Es gibt Fälle, in denen sich die Charaktere von Realangst und neurotischer Angst vermengt zeigen. Die Gefahr ist bekannt und real, aber die Angst vor ihr übermäßig groß, größer, als sie nach unserem Urteil sein dürfte. In diesem Mehr verrät sich das neurotische Element. Aber diese Fälle bringen nichts prinzipiell Neues. Die Analyse zeigt, daß an die bekannte Realgefahr eine unerkannte Triebgefahr geknüpft ist.

Wir kommen weiter, wenn wir uns auch mit der Zurückführung der Angst auf die Gefahr nicht begnügen. Was ist der Kern, die Bedeutung der Gefahrsituation? Offenbar die Einschätzung unserer Stärke im Vergleich zu ihrer Größe, das Zugeständnis unserer Hilflosigkeit gegen sie, der materiellen Hilflosigkeit im Falle der Realgefahr, der psychischen Hilflosigkeit im Falle der Triebgefahr. Unser Urteil wird dabei von wirklich gemachten Erfahrungen geleitet werden; ob es sich in seiner Schätzung irrt, ist für den Erfolg gleichgiltig. Heißen wir eine solche erlebte Situation von Hilflosigkeit eine *traumatische*; wir haben dann guten Grund, die traumatische Situation von der *Gefahrsituation* zu trennen.

Es ist nun ein wichtiger Fortschritt in unserer Selbstbewahrung, wenn eine solche traumatische Situation von Hilflosigkeit nicht abgewartet, sondern vorhergesehen, erwartet wird. Die Situation, in der die Bedingung für solche Erwartung enthalten ist, heiße die Gefahrsituation, in ihr wird das Angstsignal gegeben. Dies will besagen: ich erwarte, daß sich eine Situation von Hilflosigkeit ergeben wird, oder die gegenwärtige Situation erinnert mich an eines der früher erfahrenen traumatischen Erlebnisse. Daher antizipiere ich dieses Trauma, will mich benehmen, als ob es schon da wäre, solange noch Zeit ist, es abzuwenden. Die Angst ist also einerseits Erwartung des Traumas, anderseits eine gemilderte Wiederholung desselben. Die beiden Charaktere, die uns an der Angst aufgefallen sind, haben also verschiedenen Ursprung. Ihre

Beziehung zur Erwartung gehört zur Gefahrsituation, ihre Unbestimmtheit und Objektlosigkeit zur traumatischen Situation der Hilflosigkeit, die in der Gefahrsituation antizipiert wird.

Nach der Entwicklung der Reihe: Angst – Gefahr – Hilflosigkeit (Trauma) können wir zusammenfassen: Die Gefahrsituation ist die erkannte, erinnerte, erwartete Situation der Hilflosigkeit. Die Angst ist die ursprüngliche Reaktion auf die Hilflosigkeit im Trauma, die dann später in der Gefahrsituation als Hilfssignal reproduziert wird. Das Ich, welches das Trauma passiv erlebt hat, wiederholt nun aktiv eine abgeschwächte Reproduktion desselben, in der Hoffnung, deren Ablauf selbsttätig leiten zu können. Wir wissen, das Kind benimmt sich ebenso gegen alle ihm peinlichen Eindrücke, indem es sie im Spiel reproduziert; durch diese Art, von der Passivität zur Aktivität überzugehen, sucht es seine Lebenseindrücke psychisch zu bewältigen. Wenn dies der Sinn eines „Abreagierens“ des Traumas sein soll, so kann man nichts mehr dagegen einwenden. Das Entscheidende ist aber die erste Verschiebung der Angstreaktion von ihrem Ursprung in der Situation der Hilflosigkeit auf deren Erwartung, die Gefahrsituation. Dann folgen die weiteren Verschiebungen von der Gefahr auf die Bedingung der Gefahr, den Objektverlust und dessen schon erwähnte Modifikationen.

Die „Verwöhnung“ des kleinen Kindes hat die unerwünschte Folge, daß die Gefahr des Objektverlustes – das Objekt als Schutz gegen alle Situationen der Hilflosigkeit – gegen alle anderen Gefahren übersteigert wird. Sie begünstigt also die Zurückhaltung in der Kindheit, der die motorische wie die psychische Hilflosigkeit eigen sind.

Wir haben bisher keinen Anlaß gehabt, die Realangst anders zu betrachten als die neurotische Angst. Wir kennen den Unterschied; die Realgefahr droht von einem äußeren Objekt, die neurotische von einem Triebanspruch. Insoferne dieser Triebanspruch etwas Reales ist, kann auch die neurotische Angst als real begründet anerkannt werden. Wir haben verstanden, daß der Anschein einer besonders intimen Beziehung zwischen Angst und Neurose sich auf die Tatsache zurückführt, daß das Ich sich mit Hilfe der Angstreaktion der Triebgefahr ebenso erwehrt wie der äußeren Realgefahr, daß aber diese Richtung der Abwehrtätigkeit infolge einer Unvollkommenheit des seelischen Apparats in die Neurose ausläuft. Wir haben auch die Überzeugung gewonnen, daß der Triebanspruch oft nur darum zur (inneren) Gefahr wird, weil seine Befriedigung eine äußere Gefahr herbeiführen würde, also weil diese innere Gefahr eine äußere repräsentiert.

Anderseits muß auch die äußere (Real-) Gefahr eine Verinnerlichung gefunden haben, wenn sie für das Ich bedeutsam werden soll; sie muß in ihrer Beziehung zu einer erlebten Situation von Hilflosigkeit erkannt werden. Eine instinktive Erkenntnis von außen drohender Gefahren scheint dem Menschen nicht oder nur in sehr bescheidenem Ausmaß mitgegeben worden zu sein. Kleine Kinder tun unaufhörlich Dinge, die sie in Lebensgefahr bringen, und können gerade darum das schützende Objekt nicht entbehren. In der Beziehung zur traumatischen Situation, gegen die man hilflos ist, treffen äußere und innere Gefahr, Realgefahr und Triebanspruch zusammen. Mag das Ich in dem einen Falle einen Schmerz, der nicht aufhören will, erleben, im anderen Falle eine

Bedürfnisstauung, die keine Befriedigung finden kann, die ökonomische Situation ist für beide Fälle die nämliche, und die motorische Hilflosigkeit findet in der psychischen Hilflosigkeit ihren Ausdruck.

Die rätselhaften Phobien der frühen Kinderzeit verdienen an dieser Stelle nochmalige Erwähnung. Die einen von ihnen – Alleinsein, Dunkelheit, fremde Personen – konnten wir als Reaktionen auf die Gefahr des Objektverlustes verstehen; für andere – kleine Tiere, Gewitter u. dgl. – bietet sich vielleicht die Auskunft, sie seien die verkümmerten Reste einer kongenitalen Vorbereitung auf die Realgefahren, die bei anderen Tieren so deutlich ausgebildet ist. Für den Menschen zweckmäßig ist allein der Anteil dieser archaischen Erbschaft, der sich auf den Objektverlust bezieht. Wenn solche Kinderphobien sich fixieren, stärker werden und bis in späte Lebensjahre anhalten, weist die Analyse nach, daß ihr Inhalt sich mit Triebansprüchen in Verbindung gesetzt hat, zur Vertretung auch innerer Gefahren geworden ist.

C
Angst, Schmerz und Trauer

Zur Psychologie der Gefühlsvorgänge liegt so wenig vor, daß die nachstehenden schüchternen Bemerkungen auf die nachsichtigste Beurteilung Anspruch erheben dürfen. An folgender Stelle erhebt sich für uns das Problem. Wir mußten sagen, die Angst werde zur Reaktion auf die Gefahr des Objektverlusts. Nun kennen wir bereits eine solche Reaktion auf den Objektverlust, es ist die Trauer. Also wann kommt es zur einen, wann zur anderen? An der Trauer, mit der wir uns bereits früher beschäftigt haben, blieb ein Zug völlig unverstanden, ihre besondere Schmerzlichkeit. Daß die Trennung vom Objekt schmerzlich ist, erscheint uns trotzdem selbstverständlich. Also kompliziert sich das Problem weiter: Wann macht die Trennung vom Objekt Angst, wann Trauer und wann vielleicht nur Schmerz?

Sagen wir es gleich, es ist keine Aussicht vorhanden, Antworten auf diese Fragen zu geben. Wir werden uns dabei bescheiden, einige Abgrenzungen und einige Andeutungen zu finden.

Unser Ausgangspunkt sei wiederum die eine Situation, die wir zu verstehen glauben, die des Säuglings, der anstatt seiner Mutter eine fremde Person erblickt. Er zeigt dann die Angst, die wir auf die Gefahr des Objektverlustes gedeutet haben. Aber sie ist wohl komplizierter und verdient eine eingehendere Diskussion. An der Angst des Säuglings ist zwar kein Zweifel, aber Gesichtsausdruck und die Reaktion des Weinens lassen annehmen, daß er außerdem noch Schmerz empfindet. Es scheint, daß bei ihm einiges zusammenfließt, was später gesondert werden wird. Er kann das zeitweilige Vermissen und den dauernden Verlust noch nicht unterscheiden; wenn er die Mutter das eine Mal nicht zu Gesicht bekommen hat, benimmt er sich so, als ob er sie nie wieder sehen sollte, und es bedarf wiederholter tröstlicher Erfahrungen, bis er gelernt hat, daß auf ein solches Verschwinden der Mutter ihr Wiedererscheinen zu folgen pflegt. Die Mutter reift diese für ihn so wichtige Erkenntnis, indem sie das bekannte Spiel mit ihm aufführt, sich vor ihm das Gesicht zu verdecken und zu seiner Freude wieder zu enthüllen. Er kann dann sozusagen Sehnsucht empfinden, die nicht von Verzweiflung begleitet ist.

Die Situation, in der er die Mutter vermißt, ist infolge seines Mißverständnisses für ihn keine Gefahrsituation, sondern eine traumatische, oder richtiger, sie ist eine traumatische, wenn er in diesem Moment ein Bedürfnis verspürt, das die Mutter befriedigen soll; sie wandelt sich zur Gefahrsituation, wenn dies Bedürfnis nicht aktuell ist. Die erste Angstbedingung, die das Ich selbst einführt, ist also die des Wahrnehmungsverlustes, die der des Objektverlustes gleichgestellt wird. Ein Liebesverlust kommt noch nicht in Betracht. Später lehrt die Erfahrung, daß das Objekt vorhanden bleiben, aber auf das Kind böse geworden sein kann, und nun wird der Verlust der Liebe von Seiten des Objekts zur neuen, weit beständigeren Gefahr und Angstbedingung.

Die traumatische Situation des Vermissens der Mutter weicht in einem entscheidenden Punkte von der traumatischen Situation der Geburt ab. Damals war kein Objekt vorhanden, das vermißt werden konnte. Die Angst blieb die einzige Reaktion, die zustande kam. Seither haben wiederholte Befriedigungssituationen das Objekt der Mutter geschaffen, das nun im Falle des Bedürfnisses eine intensive, „sehnsüchtig" zu nennende Besetzung erfährt. Auf diese Neuerung ist die Reaktion des Schmerzes zu beziehen. Der Schmerz ist also die eigentliche Reaktion auf den Objektverlust, die Angst die auf die Gefahr, welche dieser Verlust mit sich bringt, in weiterer Verschiebung auf die Gefahr des Objektverlustes selbst.

Auch vom Schmerz wissen wir sehr wenig. Den einzig sicheren Inhalt gibt die Tatsache, daß der Schmerz – zunächst und in der

Regel – entsteht, wenn ein an der Peripherie angreifender Reiz die Vorrichtungen des Reizschutzes durchbricht und nun wie ein kontinuierlicher Triebreiz wirkt, gegen den die sonst wirksamen Muskelaktionen, welche die gereizte Stelle dem Reiz entziehen, ohnmächtig bleiben. Wenn der Schmerz nicht von einer Hautstelle, sondern von einem inneren Organ ausgeht, so ändert das nichts an der Situation; es ist nur ein Stück der inneren Peripherie an die Stelle der äußeren getreten. Das Kind hat offenbar Gelegenheit, solche Schmerzerlebnisse zu machen, die unabhängig von seinen Bedürfniserlebnissen sind. Diese Entstehungsbedingung des Schmerzes scheint aber sehr wenig Ähnlichkeit mit einem Objektverlust zu haben, auch ist das für den Schmerz wesentliche Moment der peripherischen Reizung in der Sehnsuchtssituation des Kindes völlig entfallen. Und doch kann es nicht sinnlos sein, daß die Sprache den Begriff des inneren, des seelischen, Schmerzes geschaffen hat und die Empfindungen des Objektverlusts durchaus dem körperlichen Schmerz gleichstellt.

Beim körperlichen Schmerz entsteht eine hohe, narzißtisch zu nennende Besetzung der schmerzenden Körperstelle, die immer mehr zunimmt und sozusagen entleerend auf das Ich wirkt. Es ist bekannt, daß wir, bei Schmerzen in inneren Organen, räumliche und andere Vorstellungen von solchen Körperteilen bekommen, die sonst im bewußten Vorstellen gar nicht vertreten sind. Auch die merkwürdige Tatsache, daß die intensivsten Körperschmerzen bei psychischer Ablenkung durch ein andersartiges Interesse nicht zustande kommen (man darf hier nicht sagen: unbewußt bleiben), findet in der Tatsache der Konzentration der Besetzung auf die psychische Repräsentanz der schmerzenden Körperstelle ihre Erklärung. Nun scheint in diesem Punkt die Analogie zu liegen, die die Übertragung der Schmerzempfindung auf das seelische Gebiet gestattet hat. Die intensive, infolge ihrer Unstillbarkeit stets anwachsende Sehnsuchtsbesetzung des vermißten (verlorenen) Objekts schafft dieselben ökonomischen Bedingungen wie die Schmerzbesetzung der verletzten Körperstelle und macht es möglich, von der peripherischen Bedingtheit des Körperschmerzes abzusehen! Der Übergang vom Körperschmerz zum Seelenschmerz entspricht dem Wandel von narzißtischer zur Objektbesetzung. Die vom Bedürfnis hochbesetzte Objektvorstellung spielt die Rolle der von dem Reizzuwachs besetzten Körperstelle. Die Kontinuität und Unhemmbarkeit des Besetzungsvorganges bringen den gleichen Zustand der psychischen Hilflosigkeit hervor. Wenn die dann entstehende Unlustempfindung den spezifischen, nicht näher zu beschreibenden Charakter des Schmerzes trägt, anstatt sich in der Reaktionsform der Angst zu äußern, so liegt es nahe, dafür ein Moment verantwortlich zu machen, das sonst von der Erklärung noch zu wenig in Anspruch genommen wurde, das hohe Niveau der Besetzungs- und Bindungsverhältnisse, auf dem sich diese zur Unlustempfindung führenden Vorgänge vollziehen.

Wir kennen noch eine andere Gefühlsreaktion auf den Objektverlust, die Trauer. Ihre Erklärung bereitet aber keine Schwierigkeiten mehr. Die Trauer entsteht unter dem Einfluß der Realitätsprüfung, die kategorisch verlangt, daß man sich von dem Objekt trennen müsse, weil es nicht mehr besteht. Sie hat nun die Arbeit zu leisten, diesen Rückzug vom Objekt in all den

Situationen durchzuführen, in denen das Objekt Gegenstand hoher Besetzung war. Der schmerzliche Charakter dieser Trennung fügt sich dann der eben gegebenen Erklärung durch die hohe und unerfüllbare Sehnsuchtsbesetzung des Objekts während der Reproduktion der Situationen, in denen die Bindung an das Objekt gelöst werden soll.